Der Ratgeber

zum Kotfressen: Ein

Weg aus der Dunkelheit

von Andre Wellmann

3

Der Ratgeber zum Kotfressen: Wenn dein Hund Kot liebt - und du das ändern willst

von Andre Wellmann

Kapitel 1

Warum fressen so viele Hunde Kot?

Viele Hundebesitzer denken ja, sie hätten als Einzige diesen „Gourmet-Hund", der sich mit Begeisterung über Haufen hermacht. Aber die Wahrheit ist: **Das Problem ist viel verbreiteter, als man denkt.**

In Fachkreisen geht man davon aus, dass ein erstaunlich hoher Prozentsatz aller Hunde mindestens einmal in ihrem Leben Kot frisst – und viele tun es sogar regelmäßig. Und nein, das passiert nicht nur draußen im Park. Manche Hunde bedienen sich auch im eigenen Garten oder – für den Extra-Schockmoment – sogar im Haus, wenn sich die Gelegenheit bietet.

Daniel schaut auf Bello hinab, der unschuldig dreinschaut, als hätte er gerade das Nobel-Menü des Jahres verspeist.

„Es ist einfach nicht zu fassen", sagt Daniel und schüttelt fassungslos den Kopf. „Ich habe alles versucht! Ich habe Bello impfen lassen, ich habe ihn trainiert, ich habe ihm beigebracht, was er essen darf und was nicht. Aber was macht er? Er frisst trotzdem Kot! "Ich bin mit meinem Latein am Ende."

Ich nicke verständnisvoll und legte ihm beruhigend eine Hand auf die Schulter.

„Ich weiß, das ist zum Verzweifeln. Aber du bist nicht allein – und Bello macht das nicht, um dich zu ärgern. Viele Hunde zeigen dieses Verhalten aus völlig unterschiedlichen Gründen. Manche haben tatsächlich einen Nährstoffmangel, andere sind einfach neugierig oder suchen aus Langeweile eine „spannende" Beschäftigung. Und bei einigen steckt einfach noch ein alter Instinkt dahinter. Aber das Wichtigste ist: **Es gibt Lösungen. "Und die sind gar nicht so kompliziert, wie du vielleicht denkst."**

5

Vom Instinkt zum Problemverhalten

Viele Leute denken ja, Bello hätte einfach einen Knall, wenn er sich so begeistert über ein Häufchen hermacht. Aber in Wahrheit ist das Verhalten **uralt**.

Unsere Haushunde stammen schließlich von Wölfen und anderen Wildhunden ab – und die haben sich in der freien Natur auch mal an Kot bedient. Warum? Weil es in manchen Situationen einfach sinnvoll war. In der Wildnis kann Kot wichtige Nährstoffe enthalten, andere Tiere anlocken oder sogar als Tarnung dienen.

Und genau da liegt das Problem: **Was früher vielleicht überlebenswichtig war, ist heute einfach nur noch – naja – eklig.** Das heißt aber auch: **Bello macht das nicht, um dich in den Wahnsinn zu treiben.**

Daniel runzelt die Stirn. „Also ist das in ihm drin?" Ich nicke.

„Ganz genau. Bello denkt nicht: ‚Ha, das wird Herrchen jetzt richtig schön aufregen!' Für ihn ist das einfach ein völlig normales Verhalten. "Für uns ist es ekelhaft, für ihn vielleicht spannend oder einfach ein Zeichen von Langeweile." Ich sehe, wie bei Daniel langsam der Groschen fällt.

„Das bedeutet also, dass ich ihn nicht einfach nur anschreien oder wegstoßen sollte, wenn er das tut, sondern die Ursache verstehen muss?"

„Exakt! "Denn wenn du nur das **Ergebnis** bestraft, aber nicht den **Grund** angehst, wird er es entweder heimlichtun – oder gar nicht verstehen, was du eigentlich von ihm willst."

Wie man Bello das Kotfressen abgewöhnt – Erste Schritte

„Okay, aber was kann ich denn jetzt konkret tun?" fragt Daniel, während er Bello mit skeptischem Blick mustert.

Die gute Nachricht: **Es gibt eine ganze Menge, die man ausprobieren kann.** Die schlechte Nachricht: **Es braucht Geduld.**

Aber hey – lieber jetzt ein bisschen Mühe reinstecken, als Bello weiterhin mit vollem Maul aus dem Gebüsch kommen zu sehen.

1. Ablenkung, bevor die Schnauze drinsteckt

Der einfachste Trick? **Erst gar nicht in Versuchung kommen lassen!**

Das heißt: **Wenn Bello ein „gefährdetes Gebiet" betritt – also den Tatort der letzten Hundehaufen-Party – bleibt die Leine dran.** Kein Freilauf, kein unbeobachtetes Rumschnüffeln, kein „Oh, was ist denn das hier?"

Und währenddessen? **Ablenkung Deluxe!**

Ein Leckerli vor die Nase halten.

Ein Spielzeug rausholen.

Oder Bello mit einem Kommando beschäftigen („Sitz!", „Platz!", „Guck mal, ein Eichhörnchen!" – okay, letzteres nur, wenn wirklich eins da ist).

Hauptsache, Bello denkt an alles – nur nicht an seine „Delikatesse."

2. Ernährungs-Check: Fehlt ihm was?

Daniel kratzt sich am Kopf. „Ich habe mich ja schon gefragt, ob ihm vielleicht einfach was fehlt. Der Tierarzt meint, er ist kerngesund, aber … "Was, wenn doch was nicht stimmt?""

Guter Punkt! **Nicht jeder Nährstoffmangel ist sofort erkennbar.** Manchmal fehlt es an bestimmten Vitaminen,

Enzymen oder Probiotika – und dann denken sich manche Hunde: „Na gut, dann hol ich mir den Halt aus der Natur."

Die Lösung? **Mal das Futter genauer unter die Lupe nehmen.**

Hochwertiges Nass- oder Trockenfutter testen.

eventuell Zusatzstoffe wie Enzyme oder Vitamine ausprobieren.

Oder mal eine Ernährungsberatung einholen.

„Also meinst du, ich sollte einfach mal ein anderes Futter ausprobieren?" fragt Daniel.

Ich nicke. „Ja, aber nicht blind! Schau nach einem, der genau auf den Energie- und Nährstoffbedarf eines Labradors abgestimmt ist. Wenn er dann trotzdem noch Kot frisst, wissen wir zumindest, dass es nicht daran liegt – und dann geht's weiter mit Plan B."

Daniel atmet tief durch. „Okay, das klingt machbar." Ja, Daniel – **das ist es auch!**

Kotfressen aus Langeweile oder Stress – Wenn Bello sich selbst beschäftigt

Manche Hunde fressen Kot aus Instinkt, andere wegen eines Nährstoffmangels. Und dann gibt es noch die dritte Kategorie: **die gelangweilten Abenteurer.**

Denn seien wir ehrlich: **Wenn Bello nichts zu tun hat, findet er sich halt selbst eine Beschäftigung.** Und manchmal ist diese Beschäftigung – naja – kulinarisch fragwürdig.

1. Wenn Herrchen am Handy hängt, sucht Bello sich halt „spannende" Unterhaltung

„Passiert das eher, wenn du abgelenkt bist?" frage ich. Daniel

überlegt kurz, dann verdreht er die Augen.

„Oh Mann … Ja! Manchmal beantworte ich nur kurz eine Nachricht, und genau in dem Moment ist Bello verschwunden. "Und wenn ich wieder aufstehe, kommt er kauend aus dem Gebüsch."
Ich nicke. „Jap., klassischer Fall. Während du tippst, denkt Bello: ‚**Gut, dann unterhalte ich mich halt selbst.**' "Und seine Art von Unterhaltung ist halt … nennen wir es mal *experimentell*."
Daniel seufzt. „Das heißt, ich darf unterwegs nicht mehr aufs Handy gucken?"
„Naja, sagen wir mal so: **Je weniger du online bist, desto weniger ist Bello am Haufen.**"

2. Bello braucht klare Regeln (und bessere Alternativen)

Gerade jetzt, wo das Training noch läuft, darf Daniel Bello **keine „Freiheiten" geben, die er später wieder abgewöhnen muss.**

Denn wenn Bello erst mal im „Mahlzeit-Modus" ist, dann kannst du neben ihm mit Leckerlis wedeln – **das interessiert ihn dann nicht mehr.**

Die bessere Taktik?

frühzeitig unterbrechen – Sobald Bello zu intensiv an einer Stelle schnüffelt: *„Bello, hier!"*

interessanter sein als der Haufen – Ein Ball, ein Leckerli, ein plötzlich enthusiastisches „Guck mal hier, Junge!" – **Alles besser als das Zeug im Gebüsch.**

Klarstellen, dass „Nein" wirklich „Nein" heißt – *„Hör auf, Bello"* ist nicht *„Überleg noch kurz, Bello"*.

Daniel nickt langsam. „Also weniger Insta, mehr Hund?"

Ich grinse. „So in etwa. Stell es dir vor wie ein Tinder-Date: Wenn du dein Gegenüber langweilig findest, checkst du dein Handy. Wenn Bello sich langweilt, frisst er halt Kot. **Du musst also spannender sein als sein anderer Flirt – "der Haufen."**

Daniel lacht. „Alles klar, dann werde ich ab jetzt aufregender als Hundehaufen."

Das, Daniel, **ist eine exzellente Entscheidung.**

Positive Verstärkung statt harter Strafen – Warum Schimpfen nix bringt

„Also ehrlich, ich raste jedes Mal aus, wenn er das macht", gesteht Daniel. „Ich schimpfe, ich stoße ihn weg, ich sage ihm hundert Mal, dass das ekelhaft ist – aber er macht es trotzdem!"
Ja, **weil Bello leider kein Deutsch spricht, Daniel.**

Viele Hundebesitzer denken, wenn sie laut genug schimpfen, versteht der Hund irgendwann, dass er was falsch macht. Aber die Wahrheit ist: **Er versteht nur, dass sein Mensch plötzlich völlig ausflippt.**
Und das Problem dabei?

Bello verknüpft das Schimpfen vielleicht gar nicht mit dem Kot.
Er denkt eher: „Oh Mist, Herrchen wird plötzlich sauer, wenn ich da schnüffle. Also lieber schnell essen, bevor er es merkt!"
Oder er macht es einfach heimlich weiter – weil er gelernt hat, dass er dabei nicht erwischt werden darf.
Heißt: **Du glaubst, du hältst ihn davon ab – in Wirklichkeit optimiert er nur seine Technik.**

Wie du Bello um konditioniert

„Okay", sagt Daniel langsam. „Also … "Ich soll einfach nichts machen, wenn er Kot frisst?""

„Nein, du solltest **besser** reagieren. "Nicht mit Strafe – sondern mit einer Alternative." Das funktioniert so:

Umlenken: Sobald Bello auch nur schnüffelnd in Richtung Haufen zieht, rufst du ihn ab: *„Bello, hier!"*

Belohnen: Wenn er zu dir kommt (ohne Kot im Maul, bitte), gibt's sofort ein Leckerli oder Lob.

Dranbleiben: Jeder. Einzelne. Mal. Damit sich das Muster einbrennt.

Daniel runzelt die Stirn. „Das heißt, ich soll ihm ein Leckerli geben, wenn er KEINEN Kot frisst?"

„Ja! "Weil du ihm damit beibringst, **dass es sich lohnt, nicht hinzusehen.**"

Und das ist der Trick: **Bello soll lernen, dass das**

Ignorieren von Kot besser ist als das Fressen davon.

Warum positive Verstärkung funktioniert

„Also ... "Könnte es sein, dass ich es mit dem
Schimpfen eigentlich schlimmer gemacht habe?""
Ich nicke. „Sehr gut kombiniert! Stell es dir so vor: Wenn
dein Chef dich jedes Mal anschreit, wenn du was falsch
machst, lernst du dann schneller? Oder machst du Fehler
einfach heimlich?"
Daniel lacht. „Wahrscheinlich werde ich sie verstecken."

„Siehst du! Und Bello denkt genauso. "Also lieber
fair trainieren als laut schimpfen."
Daniel atmet durch. „Okay, dann also ab jetzt
mehr Belohnung und weniger Fluchen." „Guter
Plan, Daniel. "Sehr guter Plan."

Erfahrungsberichte und Tipps – Du bist nicht allein, Daniel!

Daniel schaut mich an, als hätte ich ihm gerade
vorgeschlagen, Bello einfach ein
„Bitte-nicht-im-Kot-wälzen"-Schild umhängen. „Also du
willst mir echt sagen, dass ich Bello einfach ablenken
und belohnen soll, und dann hört der damit auf?"

14

„Ja!" sage ich und grinse. „Glaub mir, du bist nicht der Erste mit diesem Problem. Und weißt du, was die beste Nachricht ist? "Es gibt Hunde, die es geschafft haben!"“

Daniel schnaubt. „Echt jetzt? "Da gibt's Erfolgsgeschichten?"“

„Oh ja. Ich kenne einen Hundebesitzer, der dachte, sein Beagle hätte ein geheimes Zweitstudium in „Hopfenanalyse" absolviert. Dieser Hund hat mit einer Treffsicherheit Kot gefunden, als wäre er mit einem eingebauten Radar ausgestattet. Die Lösung? Konsequentes „Hier!", „Nein!" oder „Aus!" – und eine fette Belohnung, wenn er sich abgewendet hat. "Nach ein paar Wochen war Kot plötzlich uninteressanter als ein leerer Napf.“

Daniel runzelt die Stirn. „Also wenn andere das hinbekommen haben, dann müsste das doch auch bei Bello funktionieren, oder?"

„Exakt! Du musst es einfach wie ein neues Spiel sehen: Bello muss lernen, dass es sich mehr lohnt, auf dich zu hören, als sich seinen kulinarischen Albträumen hinzugeben. "Und das geht eben mit Konsequenz, Geduld – und einer Menge Leckerlis.“

Soll ich mir einen Trainer holen – oder schaffe ich das allein?

Daniel kratzt sich nachdenklich am Kopf. „Vielleicht wäre Ein Trainer ist doch nicht schlecht. "Dann habe ich wenigstens jemanden, der mir sagt, wenn ich Mist baue."

„Guter Plan!" sage ich. „Denn manchmal ist es schwer, sich selbst beim Training zu beobachten. Vielleicht kommst du mit deinem Timing nicht ganz hin, vielleicht lobst du zu spät, oder du rufst Bello erst, wenn er schon tief im Haufen steckt. Ein Hundetrainer kann dir da den entscheidenden Tipp geben, damit du nicht monatelang rumschreit: ‚Nein, Bello! Pfui!' "Während er mit zufriedenem Blick vor dir sitzt und sich fragt, warum du so ein Problem hast."

Daniel lacht. „Okay, überzeugt. Ich suche einen Trainer. "Ich habe echt keine Lust, dass es noch monatelang so weiter geht."

Ich nicke. „Gute Entscheidung. Denn je schneller du professionell an die Sache rangehst, desto eher kannst du entspannt spazieren gehen – "ohne ständig wie ein Irrer durch den Park zu rennen und Bello aus irgendwelchen Sträuchern zu ziehen."

Daniel sieht plötzlich nicht mehr aus wie jemand, der gleich aufgibt. Eher wie jemand, der gerade verstanden hat, dass Hundeerziehung eigentlich ein simples System ist:

richtig belohnen, konsequent bleiben und Humor bewahren.

Und ganz ehrlich? Bello hat keine Chance – denn jetzt weiß Daniel, wie er ihm das Kotfressen abgewöhnt.

Gesundheitliche Abklärungen nicht vergessen – Sicherheit geht vor!

„Okay, also Training, Ablenkung, Leckerlis – alles gut und schön. "Aber was, wenn da gesundheitlich was im Argen liegt?"" fragte Daniel plötzlich.

„Sehr gute Frage!" sage ich. „Denn bevor wir Bello eine Komplett-Umprogrammierung verpassen, sollten wir sicherstellen, dass er nicht einfach nur versucht, einen Mangel auszugleichen oder ein anderes gesundheitliches Problem hat."

Wenn der Körper mitredet – Gesundheit als Ursache?

Ich sehe oft, dass Hundebesitzer völlig verzweifelt sind, wenn ihr Vierbeiner plötzlich den Gourmet-Kot-Fanclub eröffnet. Und dann stellt sich raus: Der arme Hund hat einfach einen Nährstoffmangel oder Parasiten, die ihm die wichtigen Stoffe stehlen.

Also, Regel Nummer eins: Bevor wir Bello als „schwierig" abstempeln, erst mal durchchecken lassen.

Daniel nickt nachdenklich. „Ich war ja schon beim Tierarzt, und er meinte, Bello sei kerngesund. Aber jetzt, wo du es sagst … "Vielleicht wäre ein Blutbild oder ein Test auf Nährstoffmängel doch nicht verkehrt?""

Ich habe Augenbrauen. „Definitiv! Besser einmal zu viel checken als monatelang herumrätseln, warum Bello sich in Hundehaufen verliebt hat. Denn wenn es wirklich ein Mangel ist, kannst du ihn einfach mit der richtigen Ernährung oder Ergänzungsmitteln beheben – und "Zack, Problem gelöst."

Daniel atmet erleichtert auf. „Gut, dann spreche ich das beim nächsten Tierarztbesuch mal an. "Dann kann ich wenigstens beruhigt weiter trainieren."

Ich klopfe ihm auf die Schulter. „Sehr guter Plan. Denn wenn wir wissen, dass Bello gesundheitlich tipptopp ist, dann wissen wir auch: "Es ist ein reines Erziehungs-Ding – und DAS können wir ändern."

Und genau das ist der Trick: Erst die Basics checken, dann mit dem Training loslegen.

Denn wenn wir ehrlich sind – wäre ja schon ärgerlich, wenn wir hier wochenlang Kot-Vermeidungs-Training machen, und am Ende liegt es einfach nur an einem Vitaminmangel, oder?

Der psychologische Faktor – Entspann dich, Daniel!

Manchmal liegt das Problem gar nicht (nur) beim Hund – sondern beim Menschen am anderen Ende der Leine.

„Ich bin mittlerweile schon angespannt, wenn wir spazieren, gehen", gesteht Daniel. „Ich habe jedes Mal im Hinterkopf: Gleich passiert's wieder. "Gleich finde ich ihn mit vollem Mund irgendwo im Gebüsch."

„Tja, und genau da liegt das Problem", sage ich. „Denn dein Stress überträgt sich direkt auf Bello!"

Wie dein Hund deine Stimmung spiegelt

Hunde haben ein eingebautes Emotionsradar. Sie spüren, wenn wir entspannt sind – und sie spüren, wenn wir innerlich schreien: ‚Oh Gott, oh Gott, bitte frisst nichts, bitte, bitte, BITTE!'

Und was macht Bello dann?

Er wird selbst unsicher.

Er denkt sich: „Oh, irgendwas ist komisch –
vielleicht hilft mir Kot, mich zu beruhigen?"

Oder er merkt: „Haha, Herrchen reagiert hektisch
auf das Kack-Ding – dann erst recht!"

Heißt also: Wenn Daniel völlig angespannt durch den Park
läuft, wird Bello erst recht auf dumme Gedanken kommen.

Also, was tun?

Daniel seufzt. „Ja, großartig. "Und wie genau soll ich jetzt bitte
entspannt bleiben, wenn ich weiß, dass mein Hund sich gleich
ein Häufchen gönnen könnte?""

„Ganz einfach – du gehst strategisch ran:

vermeide Hotspots. Wenn du weißt, dass in einer
bestimmten Ecke des Parks immer „Snack-Angebote"
rumliegen, dann geh da erstmal nicht hin.

lass Bello gar nicht erst in Versuchung kommen.
Halte ihn an die Leine oder ruf ihn frühzeitig ab.

Großartig. Atme durch, sei präsent und reagiere nicht erst,
wenn er schon schmatzt.

Daniel grinst. „Also im Grunde muss ich so tun, als hätte ich
die totale Kontrolle – auch wenn ich innerlich panisch bin?"

Ich nicke. „Ganz genau! Tu einfach so, als wärst du völlig tiefenentspannt und wüsstest genau, dass Bello sich perfekt benehmen wird. "Hunde fallen auf sowas rein – genauso wie wir Menschen."

Daniel lacht. „Okay, ich versuche es. "Vielleicht merkt Bello dann wirklich, dass es gar nicht so ein Drama ist."

„Exakt. "Und wer weiß – vielleicht hilfts ja nicht nur Bello, sondern auch dir."

Denn seien wir mal ehrlich: Wenn Daniel irgendwann ohne Angst spazieren geht, weil er weiß, dass Bello sich benehmen kann – dann ist das doch für beide ein riesiger Gewinn.

Zusätzliche Beschäftigung und mentale Auslastung – Ein müder Hund frisst keinen Kot

Es gibt eine goldene Regel in der Hundewelt:

Ein müder Hund ist ein guter Hund.

Und ein guter Hund? Hat keine Zeit, sich über das nächste Haufen-Buffet herzumachen.

„Aber er bekommt doch genug Bewegung!", verteidigt sich Daniel.

„Ja, Bewegung ist super", sage ich. „Aber weißt du, was noch besser ist? "Bewegung PLUS Denksport."

Denn Bello ist ein Labrador. Und Labradore sind keine „Ich-lieg-den-Ganzen-Tag-rum-und-gucke-nur-hübsch"-Hund e. Sie wurden gezüchtet, um zu arbeiten, zu denken, Probleme zu lösen.

Und wenn Bello nix zu tun hat? Tja, dann sucht er sich halt selbst eine Aufgabe.

1.   Schnüffelspiele – Lass Bello für sein Futter „arbeiten"

Labradore lieben es, mit der Nase zu arbeiten –
also warum nicht den Spürhund in ihm wecken?

Daniel sieht skeptisch aus. „Aber ich leg ihm doch sein Futter jeden Tag brav in den Napf."

Ich habe meine Augenbraue gehoben. „Ah ja. "Und wenn du ihm das Steak direkt in den Mund legen würdest, hätte er dann Spaß daran, es zu essen?""

„Äh … nein?"

„Na siehst du! Also: "Bello will nicht einfach nur Futter – er will die Jagd!""

Leckerlis im Garten oder in der Wohnung verstecken
– Lass ihn sie suchen.

Futter nicht einfach servieren – Statt Napf:
Schnüffelteppich oder Leckerli-Spiele.

Spielzeug suchen lassen – Bello liebt seinen Ball?
Dann verstecke ihn und lass ihn arbeiten.

Warum das hilft? Weil ein Hund, der seine Energie ins Suchen
steckt, keine Zeit mehr hat, über Alternativen nachzudenken.

2.   Intelligenzspielzeug – Gehirnjogging statt Kot-Knabbern

„Also braucht er nicht nur Bewegung, sondern auch
Kopfarbeit?" fragt Daniel.

„Korrekt! Stell es dir vor wie einen freien Sonntag, an dem du nix
zu tun hast. Erst ist es cool – aber irgendwann denkst du dir:
‚Hmm, vielleicht sollte ich mein Leben umkrempeln oder einen
Kuchen backen oder eine Wand neu streichen.'"

Daniel lacht. „Oder ich fing an, sinnlos durch Social Media zu
scrollen."

Ich nicke. „Exakt. "Bello hat kein Handy – er hat Kot." Also:

Gib ihm was anderes zu tun!

Futterbälle oder interaktive Spielzeuge – Bello muss sich sein Futter erarbeiten.

Denkspiele – „Welches Becherchen hat das Leckerli?" oder „Zieh an der Schnur, um an den Keks zu kommen."

Kleine Tricks zwischendurch – Statt einfach nur laufen zu lassen, übt ihr unterwegs „Gib Pfote", „Dreh dich", "Apportiere meine Socken".

Daniel runzelt die Stirn. „Also muss ich ihn quasi austricksen, damit er das Denken nicht auf dumme Ideen richtet?"

„Jup. "Und wenn du ihn clever genug beschäftigst, wird ihm der ganze Kot-Kram irgendwann einfach zu anstrengend."

3. Gehorsamsübungen – Strukturiert statt selbstständig Blödsinn machen

Ein Hund, der weiß, was er tun soll, fühlt sich sicher. Ein Hund, der sich langweilt, denkt sich: „Hm, was könnte ich tun? "Ah, da ist was!""

Grundkommandos festigen – „Sitz", „Platz", „Bleib".

Fortgeschrittene Tricks einbauen – „Rolle", „Peng!", „Bringe mir meinen Hausschuh, aber nur den linken." Rituale in den Alltag packen – Statt Bello einfach in den Garten zu lassen, lasst ihn erst was tun.

Daniel schüttelt lachend den Kopf. „Also, im Grunde soll ich ihn so sehr beschäftigen, dass er abends nur noch ins Körbchen fällt und gar keinen Bock mehr auf Kot hat?"

Ich grinse. „Ja. "Wenn Bello abends auf der Couch liegt wie ein Teenager nach dem Sportfest, dann weißt du, dass du alles richtig gemacht hast." Daniel lehnt sich zurück. „Okay.

"Dann besorge ich mir jetzt ein paar Denkspiele … und vielleicht ein Fitnessprogramm für Bello." Sehr gute Entscheidung, Daniel. Sehr gute Entscheidung.

Hilfsmittel und Management – Wenn's hart auf hart kommt

„Gibt's da nicht auch irgendwelche Sprays oder Mittel, die Bello den Geschmack an Kot verderben?" fragt Daniel hoffnungsvoll.

Ich nicke. „Ja, gibt es. Aber die große Frage ist: "Willst du wirklich hoffen, dass dein Hund plötzlich Gourmet- Ansprüche entwickelt?""

Denn ja – es gibt spezielle Präparate, die Hundehaufen „unattraktiv" machen sollen. (Ja, ich weiß, als ob sie das nicht von Natur aus schon wären.)

1. Was gibt es denn so für „Kot-Abwehrmittel"?

Sprays – Die auf Haufen gesprüht werden und Bello den Appetit verderben sollen.

Futterzusätze – Die den eigenen Kot geschmacklich verändern (als ob der vorher lecker war …).

Bitterstoffe – Die Bello signalisieren: „Ey, das schmeckt echt eklig!"

Klingt erstmal super – aber jetzt kommt der Haken:

Nicht jeder Hund interessiert sich für Geschmack. Manche Hunde sind wie diese Leute, die auf Festivals warme Ravioli direkt aus der Dose essen. Ihnen ist es einfach egal.

2. Können diese Mittel wirklich helfen?

„Und funktionieren die?" fragt Daniel misstrauisch. „Manche

sagen ja, manche sagen nein", erkläre ich. „Es ist so ein bisschen wie mit Diät-Pillen: Einige schwören drauf, andere merken null Unterschied." Und das größte Problem: Die Mittel

ändern nicht das Verhalten
– sie bekämpfen nur die Symptome.

Daniel kratzt sich am Kopf. „Also selbst wenn das Zeug wirkt, hört er ja nur deshalb auf, weil der Kot blöd schmeckt – nicht, weil er gelernt hat, dass er es lassen soll?"

„Genau! Und sobald er wieder etwas „Leckeres" findet, stehst du wieder am Anfang."

3. Training bleibt das A und O

Daniel seufzt. „Okay, dann sind diese Mittel höchstens ein zusätzlicher Trick, aber keine echte Lösung?"

Ich nicke. „Exakt. Stell dir vor, wie Kaugummi gegen Hunger – hilft kurz, aber macht dich nicht satt. "Langfristig muss Bello lernen, dass Kot einfach keine Option ist – mit oder ohne Spray."

Daniel lächelt. „Gut, dann probiere ich das Spray vielleicht mal aus, wenn's hart auf hart kommt – aber ich setze lieber auf Training."

Sehr gute Entscheidung, Daniel. Sehr gute Entscheidung.

Denn das Ziel ist nicht, dass Bello nur deshalb aufhört, weil du sein Essen versaut hast – sondern weil er einfach gar kein Interesse mehr daran hat.

Rückschläge sind normal – Also bleib locker, Daniel!

„Und was, wenn er wieder Kot frisst? Dann war alles "Umsonst, oder?"" fragt Daniel mit einem Gesichtsausdruck, als hätte ich ihm gerade gesagt, dass Labradore jetzt auch Steuererklärungen machen müssen.

Ich schüttle den Kopf. „Nein, nein, nein! "Rückschläge sind völlig normal!""

Denn mal ehrlich: Wenn Bello monatelang den kulinarischen Horizont eines Müllschluckers hatte, wird er nicht über Nacht zum Feinschmecker.

1. Alte Gewohnheiten sterben langsam

Bello hat sich sein Verhalten nicht aus Spaß angewöhnt – Es hat sich für ihn gelohnt.

Also dauert es ein bisschen, bis er checkt: „Oh, warte mal, es gibt bessere Alternativen!"
Das heißt für Daniel:

Geduld haben – Bello ist nicht von heute auf morgen umprogrammiert.

Dranbleiben – Einmal „Nein" sagen reicht nicht, das muss ein Muster werden.

Nicht verzweifeln, wenn's mal wieder passiert –
Selbst die besten Schüler brauchen Wiederholungen.

2. Bello wird's nochmal versuchen – garantiert!

Ich sehe Daniel an. Er kaut auf seiner Lippe herum. „Aber was, wenn er es doch wieder macht? "Ich meine, wenn ich einmal nicht aufpasse …"
Ich seufze. „Dann hat er's halt nochmal probiert. Und weißt du was? "Das ist völlig normal!""
Auch wir Menschen brauchen manchmal Ewigkeiten, um uns schlechte Angewohnheiten abzugewöhnen.

Du willst dich gesünder ernähren – und dann sitzt du doch wieder mit Chips vor Netflix.

Du willst weniger am Handy sein – und nach 10 Minuten landest du doch wieder auf Instagram.

Du willst pünktlich schlafen gehen – aber dann sind da plötzlich 16 neue YouTube-Videos, die du unbedingt noch sehen musst.

Bello geht's genauso.

3. Solange Daniel dranbleibt, wird's besser

„Also muss ich einfach weitermachen, auch wenn er mal wieder einen Haufen erwischt?" fragt Daniel.

Ich nicke. „Ja! Das ist kein Weltuntergang. "Wenn du cool bleibst, die Spaziergänge im Blick behältst und Bello weiter auf Alternativen umlenkt, wird das immer seltener passieren." Daniel atmet tief durch. „Okay. Also nicht panisch werden, sondern weitermachen."

„Exakt! Bello wird's checken. Es braucht nur Zeit. Aber irgendwann wird sein Hirn sagen: ‚Weißt du was? Dieser Kot-Kram lohnt sich nicht mehr.'"

Und genau das ist der Punkt, an dem Daniel merkt: Ja, das wird funktionieren.

Denn am Ende ist es wie mit jeder Gewohnheit – es ist nervig, es dauert, aber wenn man dranbleibt, wird es besser.

Und Bello? Der wird irgendwann gar nicht mehr verstehen, was er an dem Zeug je lecker fand.

Zusammenfassung und Ausblick – Daniels Masterplan gegen das Kot-Desaster

Daniel atmet tief durch. „Okay. Also was genau muss ich jetzt tun, damit Bello endlich aufhört, sich wie ein Staubsauger für Hundehaufen zu verhalten.

Ich grinse. „Gut, dass du fragst. "Hier kommt dein

Anti-Kot-Masterplan."

1.   Gesundheitscheck – Erstmal sicherstellen, dass Bello nicht einfach Mängel ausgleicht

Einmal gründlich beim Tierarzt durchchecken lassen.

Blutbild? Nährstoffmangel? Parasiten? Lieber vorher

ausschließen, statt wochenlang ins Blaue zu trainieren.

Weil wenn Bello Kot nur frisst, weil ihm was fehlt, dann hilft

kein „Nein", sondern nur ein besseres Futter.

2. Ernährung – Ist Bello wirklich gut versorgt?

Hochwertiges Futter ausprobieren – Müll rein, Kot raus.
Falls nötig: Enzyme, Vitamine oder andere Zusätze testen.

Falls es trotzdem weitergeht, dann wissen wir: Es liegt nicht am Futter, sondern an der Erziehung.

Weil ein gut ernährter Hund keine Alternativen suchen muss.

3. Training und Um Konditionierung – Mach Kot uninteressant

Frühzeitig umlenken – bevor Bello überhaupt schnüffelt.

Alternativen anbieten – „Hier!", „Schau mal!", „Guck mal, was ich Tolles habe!"

Gehorsamsübungen ausbauen – Je besser die Kontrolle, desto weniger Problemverhalten.

Weil ein Hund, der weiß, was sich mehr lohnt, keine dummen Entscheidungen mehr trifft.

4. Beschäftigung – Keine Langeweile = kein Kotproblem

Schnüffelspiele, Suchspiele, Futterbälle – Labradore wollen arbeiten!

Spaziergänge nicht nur zum Laufen nutzen – auch mal Kommandos und Aufgaben einbauen.

Wenn Bello abends müde ins Körbchen fällt, hat er keine Zeit, Kot spannend zu finden.

5.   Geduld und Management – Rückschläge einkalkulieren

Rückfälle sind normal! Bello ist nicht von heute auf morgen umprogrammiert.

Konsequent bleiben. Nicht frustrieren lassen, einfach weitermachen.

Daran denken: Jeder kleine Fortschritt ist ein Schritt in die richtige Richtung.

Daniel atmet sichtlich erleichtert auf. „Okay, das klingt machbar. Vorher dachte ich echt, das ist ein unlösbares Problem. "Aber jetzt habe ich wenigstens einen Plan!"“
Ich grinse. „Exakt. Das ist der Trick: "Wissen, was du tun kannst, und dann einfach dranbleiben.“
Er schaut Bello an, der ihn mit großen, unschuldigen Augen ansieht – als hätte er nie auch nur in die Nähe eines Haufens geschnuppert.

Daniel krault ihm hinter den Ohren und murmelt: „Wir schaffen das schon.“
Ja, Daniel. Ja, das tut ihr.

Ein weiterer Moment im Park – die
Wiederholung der Herausforderung

Ein paar Tage später treffe ich Daniel wieder im Park. Diesmal sieht er … weniger gestresst aus. Kein genervtes Seufzen, kein panisches Bello-Hinterherhetzen – er sieht sogar ein bisschen stolz aus.

„Und?" frage ich neugierig. „Wie läuft's mit eurem Anti-Kot-Programm?

Daniel grinst. „Weißt du was? "Es wird langsam."

1. Fortschritte in Sicht!

„Ich nehme jetzt immer ein paar Leckerlis mit", erzählt er. „Sobald Bello in Richtung eines Haufens schielt, rufe ich ihn an. Und – "Halt dich fest – er guckt dann wirklich zu mir!""

Ich habe eine Augenbraue. „Ehrlich jetzt?" Daniel nickt. „Ja!

Ich rufe ihn an, er dreht sich zu mir um, und dann bekommt er direkt eine Belohnung. "Und wir gehen einfach weiter."

2. Aber Rückfälle gibt's trotzdem

Er atmet tief durch. „Gestern hat er trotzdem nochmal zugelangt …"

Ich zucke mit den Schultern. „Ja, klar. Alte Gewohnheiten sterben langsam. "Aber du bist schon tausendmal weiter als vor ein paar Tagen." „Ja, stimmt", sagt er nachdenklich.

„Ich versuche einfach,

mich nicht aufzuregen. "Beim nächsten Mal mache ich es besser." Ich nicke. „Genauso! Jeder kleine Erfolg zählt.

Mit der Zeit
"Will Bello checken, dass es sich für ihn viel mehr lohnt, auf dich zu hören – als sich einen fragwürdigen Snack zu gönnen."

3. Bello wird langsam ein Musterschüler

Daniel lacht. „Ja, das macht echt Sinn. Jetzt verstehe ich auch, warum alle Hundetrainer immer sagen: Belohnung statt Strafe. Bello scheint sogar richtig stolz, wenn er das Leckerli kriegt. Er kommt dann mit voller Begeisterung zu mir gelaufen, als würde er sagen: ‚Schau, Herrchen, ich hab's kapiert!'"

Ich grinse. „Und genau DAS ist der Moment, auf den du bearbeiten willst."

Daniel nickt zufrieden, schaut auf Bello, der ihn erwartungsvoll ansieht.

Und in diesem Moment wird mir klar: Das hier? Das wird richtig gut.

Fazit – Es gibt immer eine Lösung (auch für Haufen-Liebhaber)!

Falls du dachtest, du wärst der einzige Hundebesitzer mit einem vierbeinigen „Häufchen-Gourmet" an der Leine – ich verspreche dir, das bist du nicht.

Und Daniel weiß das jetzt auch. Und allein diese Erkenntnis hat schon einen riesigen Unterschied gemacht. Denn mal ehrlich: Es ist beruhigend zu wissen, dass man nicht der Einzige ist, der seinen Hund aus dem Gebüsch ziehen muss, während der genüsslich kaut.

Was wir gelernt haben (außer, dass Bello keine Geschmacksgrenzen kennt):

Du bist nicht allein! – Kotfressen kommt öfter vor, als man denkt. Dein Hund ist kein Rebell, kein Psycho und hat auch keine geheime Wette mit seinen Hundekumpels am Laufen, wer die meisten Haufen schafft.

Verstehen ist der Schlüssel! – Ob Instinkt, Langeweile, Nährstoffmangel oder Stress – es gibt immer eine Ursache. Und wenn du sie gefunden hast, kannst du an der Lösung arbeiten.

Geduld, Geduld, Geduld! – Bello wird nicht von heute auf morgen seinen Geschmackssinn überdenken. Aber mit Konsequenz und Training kann er lernen: „Kot? Langweilig. Leckerli? "Jackpot!"

Schimpfen bringt nix! – Wenn du leben willst, dann tu es leise ins Kissen. Denn Schimpfen sorgt nur dafür, dass Bello denkt: „Okay, dann esse ich's halt heimlich." Positive Verstärkung hingegen zeigt ihm, dass es sich viel mehr lohnt, das Zeug einfach liegen zu lassen.

Gesundheit checken! – Bevor du wochenlang trainierst, solltest du einmal sicherstellen, dass kein Nährstoffmangel oder eine Krankheit dahintersteckt. Wenn Bello was fehlt, kann das Training noch so gut sein – er wird trotzdem weitersuchen.

Kotfressen ist ekelhaft – aber definitiv lösbar!

Ja, es ist nervig.
Ja, es ist frustrierend.
Ja, du würdest dir wünschen, dein Hund hätte einen Hauch mehr kulinarischen Geschmack.

Aber nein, es ist kein unlösbares Problem!

Und das Beste: Schon kleine Veränderungen machen einen großen Unterschied.

Ein bisschen mehr Aufmerksamkeit beim Spazierengehen.

Eine kleine Futterumstellung.

Ein kluges Trainingssystem mit Belohnungen statt Strafen.

Und plötzlich fängt Bello an, den Kot links liegen zu lassen.

Und was jetzt?

Jetzt, wo wir wissen, dass Kotfressen kein Zeichen von Rebellion ist (sorry, Bello), schauen wir uns im nächsten Kapitel an:

Welche Futtermittel helfen, Mängel auszugleichen?

Welche Nahrungsergänzungen könnten sinnvoll sein?

Und was tun, wenn der Hund trotzdem weiter fröhlich „sammelt"?

Aber für heute darfst du dich erst mal zurücklehnen und stolz sein.

Denn du hast den ersten Schritt gemacht – du hast das Problem erkannt und einen Plan, es zu lösen.

Während wir noch im Park stehen, umgeben von all den „verführerischen Hinterlassenschaften", sehe ich, wie Daniel Bello sanft über den Kopf streichelt.
Kein verzweifeltes Seufzen mehr. Kein genervtes „Warum tut er das?!".
Stattdessen? Ein zuversichtliches Lächeln.

Denn er weiß jetzt: Es gibt für alles eine Lösung – selbst für die ekligsten Probleme.

Kapitel 2

Die Sonne steht hoch über dem Park, als Daniel und ich uns wiedersehen. Diesmal wirkt er schon etwas ruhiger – kein Wunder, denn er hat die letzten Tage damit verbracht, Bello ganz genau zu beobachten. Er hat jedes Winzeln, jedes Schwanzwedeln und jede wilde Jagd auf den nächsten duftenden Haufen im Gras akribisch registriert. Mit Stift, Block und teils unleserlicher Handschrift, aber immerhin: Er will es jetzt ganz genau wissen. Und er hat festgestellt, dass Kotfressen tatsächlich kein Zufall ist, sondern ein festes Ritual, das Bello mit unerschütterlicher Leidenschaft pflegt.

„Weißt du", meint Daniel seufzend, „in manchen Momenten wünschte ich, Bello würde sich lieber für Bälle oder Stöckchen interessieren. "Doch diese Art von ‚Snack' zieht ihn magisch an."

Er schüttelt den Kopf und krault Bello, der entspannt neben uns sitzt, das feuchte Hundefell im Licht glitzern. Dabei ahnt Bello vermutlich nicht, dass wir dabei sind, das Rätsel seiner ungewöhnlichen Vorliebe weiter zu entschlüsseln.

Vielleicht ist er stolz auf seine kulinarischen Entdeckungen, Vielleicht erkennt er aber nur Daniels liebevolle Gesten. So oder so: Zeit für eine gründliche Untersuchung der Hintergründe, denn wer das „Warum?" versteht, ist schon einen großen Schritt weiter.

Das Rätselraten hat ein Ende: Gesundheit und Ernährung unter der Lupe

Im ersten Kapitel haben wir gesehen, dass Kotfressen erstaunlich viele Hunde betrifft und viele Ursachen haben kann – von Langeweile bis zu tiefliegende Instinkte. Doch in diesem Kapitel gehen wir zwei Hauptquellen auf den Grund, die für Koprophagie besonders häufig verantwortlich sind: Ernährung (respektive

Nährstoffmangel) und Gesundheit. Denn, so viel sei verraten: Nicht jeder Hund, der sich an Häufchen vergreift, tut das bloß aus Jux und Tollerei.

1.Nährstoffmangel: Vom Supermarkt-Futter bis zu selbstgekochten Menüs

Daniel schaut mich ziemlich überrascht an, als ich die These aufstelle, dass Bello vielleicht schlicht und ergreifend hungrig ist – zumindest, was bestimmte Nährstoffe angeht.

„Aber ich füttere ihn doch!", protestierte er. „Und nicht zu knapp. Er kriegt zweimal am Tag sein Futter, dazu ab und zu ein Leckerli. "Er hat bestimmt keine Diät." Ich hebe

beschwichtigend die Hände. „Schon klar, aber es geht weniger um die Menge als um die Qualität. Manchmal enthalten selbst teure Futtersorten nicht das, was ein Hund eigentlich braucht. "Oder Bello ist ein Spezialfall mit einem eigenen Stoffwechsel, der einfach höhere Anforderungen an bestimmte Vitamine oder Enzyme hat."

Daniel runzelt die Stirn. „Enzyme? Vitamine? Proteine? "Da habe ich damals in der Schule nicht so aufgepasst …"

Er kramt ein zerknittertes Infoblatt hervor, das ihm sein Tierarzt mitgegeben hat. Darauf stehen Begriffe wie Vitamin B12, Probiotika, Taurin und – für den Laien völlig kryptisch klingende – Zusammensetzungen von Proteinen. Ich erkläre ihm, dass so mancher Hund sich buchstäblich „woanders" holt, was ihm fehlt. Und in manchen Fällen ist das eben Kot, der für den Hund anders riecht – und womöglich, man mag es kaum glauben, verlockend duftet.

„Naja", seufzt Daniel, „ich will nicht wissen, wie Bello das Ganze empfindet. "Aber gut, wo fange ich an?""

Ganz einfach: Ich schlage vor, dass Daniel sich intensiver mit Bellos Futter auseinandersetzt. Vielleicht steigt er mal um auf ein hochwertiges Alleinfutter aus dem Fachhandel oder lässt sich vom Tierarzt beraten, ob Bello für eine gewisse Zeit ein Ergänzungspräparat gebrauchen könnte. In manchen Fällen hilft schon die Gabe von Enzymen oder Probiotika, um dem Hund die Verdauung zu erleichtern und den Appetit auf unerwünschte Snacks zu verringern.

Selbst gekochtes oder Rohfutter – Fluch oder Segen?

Während unser Gespräch merkt Daniel an, dass er selbst schon darüber nachgedacht hat, Bello vielleicht mit Selbstgekochtem oder sogenanntem BARF (Rohfütterung) zu verwöhnen. „Das machen doch so viele heute, oder? "Klingt gesund", überlegt er.

Ich erkläre ihm, dass das Barfen (biologisch artgerechtes Rohes Futter) durchaus Sinn ergeben kann, aber auch einige Risiken und viel Aufwand mit sich bringt. Wer

Unsicher ist, was ein Hund genau braucht, kann leicht Fehler bei der Nährstoffzusammensetzung machen. Ein Zuviel oder ein wenig bestimmter Komponenten kann dann sogar erst recht zu Mangelerscheinungen führen.

„Wenn du aber wirklich Spaß am Kochen hast oder dich in die Materie einarbeiten willst, schlage ich vor, „mach es ruhig! Aber am besten in Absprache mit einem Tierarzt oder einem fachkundigen Ernährungsberater für Hunde. "Dann sinkt das Risiko, versehentlich Bellos Kotfress-Problem zu verschärfen." Daniel nickt eifrig und macht sich Notizen. Offenbar hat er schon dutzende YouTube-Videos zu Kochrezepten angeschaut. „Sushi für Hunde" war ihm dann doch zu extravagant, gesteht er mir, und wir lachen beide.

Ein bisschen Wahnsinn: Warum Kot aus Hundesicht so interessant sein kann

Bevor wir zu tief in Trainingspläne abtauchen, lassen wir uns einen Moment Zeit, um Bellos Perspektive besser zu verstehen. Stellen wir uns also mal vor, wir wären Bello:

1. Du gehst in einem riesigen Abenteuerspielplatz namens „Park" spazieren.

2. Überall riecht es spannend, überall liegen Dinge herum.
3. Manche dieser Dinge sind trocken und langweilig, andere sind feucht und – aus Hundesicht – köstlich?
4. Dein Mensch ruft ständig „Nein! Pfui! "Bello, lass das!", was die Sache vielleicht noch interessanter macht.

Hunde mögen Gerüche, die wir eklig finden. Für sie ist das eine andere Sinneswelt. Und manchmal kann Kot sogar Informationen über die anderen Hunde liefern: Wer war da? Wie gesund ist er? Da steckt ein kleines „Nachrichtenportal" im Kot, und Bello liest ihn förmlich aus. Das macht uns Menschen verständlicherweise nervös, führt aber aus Bellos Perspektive vielleicht zu einer besonders „spannenden" Begegnung.
Daniel hört sich diese Erklärung an und kann nicht anders, als peinlich berührt zu grinsen. „Na großartig, Bello hat also seine ganz eigene Zeitung. Und ich bin der Depp, der nicht will, dass er sie liest. "Verrückte Hundewelt … "
Wir lachen, aber dadurch steigt auch das Verständnis. Und Verständnis ist die Grundlage für jede erfolgreiche Trainingsmaßnahme.

Humor hilft – aber Training ist unersetzlich

Wie bei allem rund um Hundeerziehung kommt man um eines nicht herum: **Dranbleiben und üben**. Daniel hat bereits erste Trainingsfortschritte gemacht (siehe Kapitel 1), doch nun, da wir Ernährung und Gesundheit abgeklärt haben, kann er sich mit einem deutlich besseren Gewissen auf die Verhaltenskorrektur konzentrieren.

Fünf praktische Tipps, um Kotfressen zu reduzieren (oder ganz zu stoppen)

1. Hochwertiges Futter wählen

    a. Lese dir die Inhaltsstoffe durch, vergleiche Marken, sprich ggf. mit einem Fachmenschen.

    b. Bedenke Bellos Rasse, Alter, Aktivitätslevel und mögliche Allergien.

2. Nahrungsergänzungen austesten

    a. Enzyme, Probiotika, Vitamine: Manchmal fehlt genau das Quäntchen, damit Bello satt und zufrieden ist.

    b. Niemals blind supplementieren – immer zuerst mit dem Tierarzt abklären.

3. Regelmäßige Tierarzt-Checks

    a. Bei hartnäckigem Kotfressen ein Blutbild machen lassen, evtl. Parasitenuntersuchung.

b. Gesundheitliche Faktoren ausschließen
oder behandeln, falls vorhanden.

4. Gesunde Leckerlis statt Kot

a. Jedes Mal, wenn Bello versucht, an Kot
heranzukommen, ihn freundlich, aber bestimmt
ablenken und dann belohnen. b. So lernt er,
dass er für „Fettverzicht" Lob und
Snacks bekommt, was langfristig viel
attraktiver ist als der unappetitliche Happen.

5. Geduld, Konsequenz und Humor

a. Mach dich auf Rückschläge gefasst.
Kotfressen ist häufig eine
hartnäckige Angewohnheit.

b. Behalte deinen Sinn für Humor. Bello macht
das nicht aus Bosheit. Er ist eben ein Hund
mit einer eigenen, manchmal schrägen Logik.

Echte Geschichten: Wenn Nährstoffe und Medizin alles änderten

Um Daniel zu zeigen, dass er kein Einzelfall ist, berichte ich von anderen Hundebesitzern. Einer davon ist Klaus, dessen Schäferhund Luna jahrelang alles Mögliche fraß, was sie draußen fand: Kot, alte Essensreste, gelegentlich sogar Taschentücher. Eines Tages stellte sich heraus, dass Luna einen Enzymmangel hatte, der ihre Verdauung durcheinanderbrachte. Nachdem Klaus ihr regelmäßig ein

Ein spezielles Enzympräparat ins Futter mischte, verbesserte sich die Situation radikal.

Eine andere Geschichte handelt von Sonja und ihrem Mischling Buddy, der Kot fraß, sobald er nur eine Sekunde unbeobachtet war. Bei einer gründlichen Untersuchung zeigte sich, dass Buddy erhöhte Werte in der Schilddrüse hatte und sich offenbar nie richtig „satt" fühlte. Mit der richtigen Medikation hörte Buddy praktisch über Nacht auf, jede Hinterlassenschaft inhalieren zu wollen – als wäre es sein altes Hobby gewesen, das er nun aufgegeben hatte.

Daniel lauscht fasziniert. „Wahnsinn, dass so etwas alles zusammenhängen kann." Ich lächle. „Ja, Hunde sind komplexe Wesen. "Und wir lernen immer wieder, dass Verhalten oft eine medizinische oder ernährungsbedingte Komponente hat."

Nebenbei das Mensch-Hund-Verhältnis stärken

Während wir sprechen, werfe ich Bello ein kleines Leckerli zu – ein getrocknetes Stück Karotte, um genau zu sein. Er schnüffelt kurz und verschlingt es dann begeistert.

„Das scheint er zu mögen", stellt Daniel fest. Ich nutze die Gelegenheit, um auf einen anderen Punkt hinzuweisen: **gemeinsame Aktivitäten**.

„Wenn du Bello noch mehr in euren Familienleben einbindest, könnte er weniger Anreiz verspüren, sich eigenständig zu beschäftigen, sprich: Kot zu fressen. Manchmal ist dieses Verhalten auch ein Zeichen für Mangel an Aufmerksamkeit oder richtiger Auslastung.“

Daniel meint, er würde Bello natürlich lieben, aber in letzter Zeit sei er oft gestresst und habe wenig Zeit für lange Spaziergänge oder Spieleinheiten. Da kann es schnell passieren, dass ein Hund sich ein eigenes Hobby sucht – Kotfressen inklusive.

Nun entscheiden wir, dass Daniel feste Qualitätszeitung mit Bello einplant: kleine Trick-Trainings, gemeinsam Neues entdecken, vielleicht sogar einen Hundesport Kurs besuchen. So kommt Schwung in den Alltag, Bello hat weniger Langeweile, und Daniel fühlt sich mehr mit seinem Hund verbunden. Gewinn.

Aber was, wenn Bello trotzdem nicht aufhört?

Ja, auch das kann passieren. Ich betone, dass nicht jeder Hund in ein paar Tagen zum „Kot Verweigerer" wird. Manche sind hartnäckig, andere haben so viel Freude an diesem Hobby gefunden, dass es Wochen oder sogar Monate dauern kann, bis erste Erfolge sichtbar werden. Der Schlüssel ist und bleibt: **Geduld, Übung, Wissen über**

Ernährung und Gesundheit und ein Quäntchen Gelassenheit.

„Stell dir vor, du müsstest dir ein Verhalten abgewöhnen, das du dein Leben lang hattest", sage ich zu Daniel. „Auch du wärst vermutlich nicht innerhalb von zwei Tagen ‚geheilt'. "Gib Bello dieselbe Chance."

Daniel runzelt etwas die Stirn. „Natürlich, ich will geduldig sein, aber das ist echt eine harte Prüfung. "Mir wird übel, wenn ich nur an den Geruch denke." Ich kann das sehr gut nachvollziehen. Zum Glück, so versichere ich ihm, wirkt eine systematische Kombination von richtigem Futter, ausreichender Beschäftigung und konsequentem Training Wunder. Besonders, wenn keine gesundheitlichen Probleme vorliegen.

Ein Blick in die Zukunft: Keine Wunder, aber Fortschritte (und weniger Ekel)

„Also, Daniel, sage ich und lehne mich grinsend zurück. „Was hast du heute gelernt? Und komm mir jetzt nicht mit ‚Dass mein Hund ein Feinschmecker für Müll ist.'"

Daniel lacht und zückt stolz seinen Notizblock – ja, er hat sich wirklich Notizen gemacht! **Ich glaube, wir haben ihn bekehrt.**

Futter anpassen: Bello bekommt jetzt einen hochwertigeren Mix – weniger leere Kalorien, mehr echtes Futter. Daniel überlegt sogar, Bello mal auf Nährstoffmängel testen zu lassen.

Gesundheit checken: Ein großes Blutbild steht an, um Parasiten, Schilddrüsenprobleme oder sonstige Baustellen auszuschließen.

Training intensivieren: „Ich werde ihn loben und belohnen, sobald er sich vom Kot abwendet. "Schimpfen bringt doch nix – er denkt sonst nur, ich hätte ein Problem mit seiner Existenz."

Mehr Action für Bello: Mindestens zweimal pro Woche gibt's jetzt eine Extraportion Beschäftigung – Suchspiele, Tricks, vielleicht sogar ein bisschen Dummy-Training.

realistisch bleiben: „Und wenn er doch mal wieder leckt, dann drehe ich nicht durch, sondern sehe es als Rückfall und arbeite dran." Daniel lehnt sich zurück, ein wenig entspannter als noch vor

einer Stunde. „Ich fühle mich schon viel besser. Bis vor Kurzem dachte ich echt, ich hätte den ekelhaftesten Hund der Welt. Aber jetzt weiß ich: "Bello hat einfach nur ein paar Weichen falsch gestellt – und wir können die Richtung ändern."

Ich klopfe ihm auf die Schulter. „Exakt! Das ist das ganze Geheimnis: **Verstehen, warum Bello das tut – und dann**

schrittweise was dagegen tun. "Und du bist jetzt nicht nur Besitzer eines Kot-Liebhabers, sondern ein waschechter Hundeverhaltens-Coach."

Währenddessen liegt Bello neben uns und sieht aus, als hätte er gerade eine Lebensweisheit empfangen. Wahrscheinlich denkt er sich: **„Was auch immer ihr da quatscht – "Hauptsache, ich bekomme Leckerlis."**

Ein kleiner Ausblick auf Kapitel 3: Mehr als nur Futter

Du siehst also: **Bellos Ernährung und Gesundheit haben einen riesigen Einfluss auf sein Verhalten.** Aber selbst das beste Bio-Menü reicht nicht immer – manchmal braucht es einfach den **richtigen mentalen „Schubs".**
In Kapitel 3 wird es genau darum gehen:

Wie du Bello mit Training unkonditioniert (und nicht nur betest, dass er irgendwann von selbst kapiert).
Welche Methoden langfristig Erfolg bringen (und welche eher in die Kategorie „Internet-Mythen" gehören).

Geheimtipps, die im Alltag echt einen Unterschied machen (und dir vielleicht ein paar graue Haare ersparen).

Und keine Sorge: Wir bleiben auch hier **realistisch** – denn wir wissen alle, dass Hunde nicht per Knopfdruck umdenken. **Sonst würde Bello jetzt schon Shakespeare zitieren und nicht mit leuchtenden Augen in Richtung nächster Hundehinterlassenschaft schielen.**

Fazit: Kotfressen ist eklig – aber nicht das Ende der Welt

Falls du dachtest, dass Bello ein verlorener Fall ist: Nope. **Dieses Problem ist lösbar.**

Gesundheits-Check ist Pflicht. Erst wenn wir wissen, dass alles in Ordnung ist, können wir sicher sein, dass das Verhalten nicht medizinisch bedingt ist.

Hochwertige Ernährung macht einen Unterschied. Kein Billigfutter mit sinnlosen Füllstoffen – sondern gutes, nährstoffreiches Futter, das Bello wirklich satt macht.

Beschäftigung ist essenziell. Ein Hund mit zu viel Freizeit trifft oft „kreative" Entscheidungen (und die führen selten zu etwas Gutem).

Geduld ist der Schlüssel. Das wird kein schneller Prozess. Aber wenn du dranbleibst, wird Bello irgendwann erkennen, dass er fürs Wegsehen belohnt wird – nicht fürs Runterschlingen.

> **Humor hilft.** Denn wenn du nicht über deinen Hund lachen kannst, dann verlierst du irgendwann den Verstand.

Daniel seufzt, aber diesmal nicht frustriert – sondern entschlossen. „Selbst wenn Bello noch ein paar Mal rückfällig wird, weiß ich jetzt immerhin, **warum** er es tut. "Und das macht das Ganze ein kleines bisschen weniger eklig."

Ich nicke. „Exakt. Ein Kot-fressen der Hund ist nicht das Ende der Welt – **er braucht einfach einen Besitzer, der bereit ist, Wahnsinn mit Humor und Geduld zu geben.** Und der Besitzer bist du, Daniel. "Ihr **schafft das.**" Bello hebt den Kopf und wedelt kurz. Vielleicht Zustimmung? Vielleicht nur Hoffnung auf Essen?

Wie auch immer – wir gehen mit einem Plan. Und das ist mehr, als wir vor einer Stunde hatten.

Kapitel 2 in Kurzfassung – falls du zwischendurch panisch abgelenkt warst

Kotfressen kann mit Ernährung und Gesundheit zusammenhängen.

Check-up beim Tierarzt ist nie verkehrt.

Hochwertiges Futter und ggf. Ergänzungen können helfen.

Beschäftigung ist das A und O. Ein ausgelasteter Hund macht weniger Blödsinn.

Bleib locker – ein bisschen Wahnsinn gehört zum Leben mit Hund dazu.

Im nächsten Kapitel geht's um **Training und Um Konditionierung**, damit Bello irgendwann aus voller Überzeugung denkt:

„Kot? "Ne danke, ich nahm lieber ein Leckerli."

Bis dahin: **Tief durchatmen, entspannen und dranbleiben!**

Denn eins ist sicher: **Du bist nicht allein – und Bello wird nicht für immer ein Haufen-Sommelier bleiben.**

Kapitel 3

Es ist ein milder Spätsommermorgen, als ich Daniel und Bello wieder im Park treffe. Ein paar Tage sind vergangen, seitdem wir uns intensiv mit Bellos Gesundheit und Ernährung beschäftigt haben. Mittlerweile ist Daniel stolzer Besitzer einer ganzen Arsenal-Ladung hochwertiger Futtersorten, Enzympräparate (für den Fall der Fälle) und eines frisch erstellten Blutbilds, das Bellos Kerngesundheit bestätigt hat. Er wirkt selbstbewusster, fast schon erleichtert. Doch ein Thema brennt ihm nach wie vor unter den Nägeln: **„Wie schaffe ich es, dass Bello das Kotfressen wirklich auf Dauer lässt?"**

In diesem Kapitel schauen wir uns deshalb **Trainingsmethoden** an, die deinem Hund helfen, sich von seinem unappetitlichen „Hobby" zu verabschieden. Wir nennen es gern **um Konditionierung,** weil wir deinem Vierbeiner (oder Daniel seinen Bello) auf sanfte, aber bestimmte Weise beibringen, dass es **lukrativere Alternativen** zum Kot fressen gibt. Und das Ganze darf ruhig mit einem Schuss Humor gewürzt sein – schließlich ist Lachen ein wirksames Gegenmittel gegen Ekel und Verzweiflung.

1. DerMindset-Check:Geduld, Gelassenheit und eine Prise Hundepsychologie

Bevor wir uns in konkrete Übungen stürzen, lass mich kurz über den richtigen **Mindset** sprechen. Wenn du dieses Kapitel liest, wirst du wahrscheinlich schon sämtliche Stadien durchlaufen haben: Ekel, Frust, Hilflosigkeit, vielleicht sogar Wut oder Scham. Das ist völlig normal. Das Wichtigste ist, dass du dich jetzt innerlich darauf einstellst, deinem Hund eine **faire Chance** zu geben. Er weiß nun mal nicht, dass sein Verhalten gesellschaftlich untragbar ist – erfolgt Instinkten, Angewohnheiten oder schlicht spannenden Gerüchen.

Daniel hat hier einen großen Schritt gemacht: Er weiß inzwischen, dass Bello weder krank noch unterernährt ist. Sein Labrador ist putzmunter, was bedeutet, dass das Kotfressen vermutlich eher auf **Gewohnheit**, **Neugier** oder sogar eine Art „**Beschäftigungstherapie**" zurückzuführen ist. In so einem Fall braucht es **konsequentes Training** – und zwar über einen längeren Zeitraum. „Also muss ich mich darauf einstellen, dass das

nicht in zwei
Tagen erledigt ist", seufzt Daniel, als wir über die Wiese schlendern.

„Ganz genau!", bestätige ich mit einem Zwinkern. „Aber es

"Gibt es Hoffnung – man kann das Verhalten in viele positive Bahnen lenken.“

2. Zauberwort Um Konditionierung: Neue Routinen statt alter Reflexe

Hunde lernen am besten durch klare Strukturen und Wiederholungen. Das Ziel beim Abgewöhnen des Kotfressens ist, dass Bello **beim Anblick (oder Geruch) von Kot nicht mehr denkt: ‚Yeah, Leckerli!‘**, sondern eher: **‚Ach, da ist was – aber das ist uninteressant, denn ich bekomme gleich etwas viel Besseres!‘**
Dieser Lernprozess lässt sich in drei Schritten zusammenfassen:

1. **Unattraktiv machen**: Bello soll verstehen, dass das Aufnehmen von Kot keine Belohnung bringt, sondern eine unterbrochene Aktion (z. B. ein klares „Nein!“ und ein Wegführen).
2. **Attraktiv machen**: Ein Alternativverhalten lohnt sich! Indem du Bello z. B. sofort zu dir rufst, belohnst du ihn kurz, Bello, wird der Kot zur langweiligen Option.
3. **Wiederholen, wiederholen, wiederholen**: Hunde sind Meister im Verknüpfen von Reizen. Je öfter Bello erlebt, dass **„Kot = uninteressant, mein Mensch = Spaß**

und Leckerli!" gilt, desto schneller wird er seine Muster ändern.

In der Theorie klingt das simpel, in der Praxis erfordert es Timing, Konsequenz und ein gutes Auge. Gerade bei Bello – einem munteren Labrador – könnte es sein, dass er beim ersten Kot-Geruch sofort losstürmt. Da hilft nur: **Achtsam sein, reagieren, belohnen oder korrigieren.**

3. Die hohe Kunst des Managements: Was tun, bevor es passiert?

Kernstück beim Abtrainieren unerwünschten Verhaltens ist, **so wenig Gelegenheit wie möglich** dafür zu bieten. Man nennt das „Management". Bei Bello hieße das:

- **Kot-Check**: Daniel verschafft sich einen Überblick über die Gegend. Liegt irgendwo frischer Kot herum? Dann kann er Bello frühzeitig anleinen oder an „Kot-Hotspots" gar nicht erst freilaufen lassen.
- **Sichtkontakt behalten**: Wenn Bello gern in Büsche verschwindet, sollte Daniel diese Gebüsche jetzt meiden oder Bello an einer langen Schleppleine führen. So lässt sich das Verhalten unterbinden, **bevor** es passiert.
- **Notfall-Belohnung in der Tasche**: Statt stets auf Strafe zu setzen, kann Daniel Bello im richtigen Moment ablenken oder herbeirufen und mit einem Lieblingssnack begeistern. Je verlockender dieser Snack, desto weniger interessant erscheint das, was auf dem Boden liegt. (Okay, wir Menschen

verstehen es nicht, aber für den Hund ist ein stinkiges Häufchen oft echt ein Konkurrent – deshalb darf die Belohnung sehr hochwertig sein.)

„Ich komme mir manchmal vor wie ein Spürhund, der selbst alles absuchen muss", lacht Daniel.
„Lieber ein paar Spaziergänge aufmerksamer sein als dass Bello sich wieder bedient", erkläre ich. „Je weniger Bello ‚Erfolgserlebnisse' hat, desto schneller kapiert er, dass Kotfressen gar nicht mehr Teil seiner Routinen ist."

Der Anti-Kot-Fress-Plan: Wie Bello vom Müllschlucker zum Vorzeigehund wird

„Okay, ich hab's kapiert", sagt Daniel, während er Bello – sein persönliches Haufen-Gourmet – misstrauisch beäugt. „Aber wie genau soll ich das jetzt umsetzen? "Ich kann schlecht jedes Mal ein Drama veranstalten, wenn er anfängt zu schnüffeln."
„Exakt!" sage ich. „**Kein Drama. Kein panisches Kreischen. Einfach einen Plan. "Und** den bekommst du jetzt." Also, schnall dich an, Daniel, **hier kommt dein offizieller Anti-Kot-Fress-Trainingsplan!**

Schritt 1: Vorbereitung – Alles steht und fällt mit den richtigen Waffen

Bevor wir loslegen, braucht Daniel eine Grundausstattung. Und nein, damit meine ich nicht eine Tüte Baldriantee für seine Nerven (obwohl … vielleicht doch).

Super-Leckerlis – Und wenn ich „super" sage, dann meine ich **JACKPOT-LECKERLIS.** Kein trockenes Trockenfutter-Gebrösel, sondern **Käsewürfel, Fleischstückchen oder meinetwegen ein winziger Streifen Pizza.** Wir müssen mit Kot konkurrieren – da braucht's schon was Überzeugendes.

Schleppleine (optional) – Falls Bello ein Freiheitsliebender ist, können wir mit der Leine so tun, als hätte er eine Wahl – während wir in Wahrheit **die ultimative Kontrolle behalten.**

Mentale Vorbereitung – Daniel muss **schneller sein als sein Hund.** Er muss sein inneres Adlerauge aktivieren. **Kot-Detektor auf höchste Empfindlichkeit.**

Schritt 2: Der Kot-Vermeidungs-Kampfmodus

Jetzt geht's ans Eingemachte. Bello wird testen, wie ernst Daniel es meint.

Schritt 1: Scannen – Daniel läuft durch den Park wie ein FBI-Agent auf geheimer Mission. Sobald Bello einen Haufen fixiert, muss Daniel schneller sein.

Schritt 2: STOPP! – Bevor Bello loslegt, kommt ein ruhiges, aber bestimmtes „Nein!" oder „Lass das!" (Nicht „OH MEIN GOTT, BELLO, NEIN!!!", denn dann lernt er nur, dass Kot super spannend ist.)

Schritt 3: Alternativen anbieten – „Guck mal, Bello, ein Käsewürfel!" – Der Trick ist, dass Daniel etwas Besseres als Kot in der Hand hat. Timing ist entscheidend. Sobald Bello den Haufen ignoriert, gibt's das Mega-Leckerli.

Schritt 3: Ablenkung ist alles – „Lass den Haufen, ich habe was Besseres!"

Ein Hund, der beschäftigt ist, ist ein Hund, der keine Zeit für Blödsinn hat.

Sofort eine Aufgabe geben – „Sitz!", „Platz!", „Dreh dich!" – Hauptsache, Bello tut irgendwas anderes.

Feiern wie beim Lotto-Gewinn – Lob, Leckerli, Party. Bello soll sich fühlen, als hätte er gerade die Weltmeisterschaft im „Nicht-Kot-Fressen" gewonnen.

Daniel nickt langsam. „Also ich muss so tun, als wäre das ein großes Gewinnspiel, und wenn er das Richtige tut, bekommt er den Hauptpreis?"

„Genau! "Wenn du interessanter bist als der Haufen, hast du gewonnen."

Schritt 4: Wiederholen, wiederholen, wiederholen – Bello wird's irgendwann kapieren

Ja, es wird sich anfühlen, als hätte Daniel ein zweites, etwas kleineres Kind bekommen.
Ja, er wird sich wie eine kaputte Schallplatte vorkommen.
Ja, Bello wird es trotzdem immer wieder versuchen.
Aber dann – irgendwann – wird es klick machen.

> Jeder Spaziergang ist Training.
> Geduld haben – Bello wird das nicht nach einer Runde kapieren.
> Und wenn der Moment kommt, in dem Bello Kot einfach links liegen lässt, dann wird Daniel wissen: „Es hat sich gelohnt."

Schritt 5: Die Masterclass – Das nächste Level der Kot-Vermeidung

Irgendwann (hoffentlich) denkt Bello von sich aus: „Pff, kein Interesse. "Ich krieg sowieso was Besseres.“
Jetzt wird das Training anspruchsvoller:

Langsam weniger Belohnungen geben. Nicht jeder Blick weg vom Kot muss sofort vergoldet werden.
Ab und zu mal nur mit Lob arbeiten. Bello soll das richtige Verhalten nicht nur für Snacks zeigen, sondern weil er es verstanden hat.
Finale Prüfung: Kann Bello an einem Haufen vorbeigehen, ohne dass Daniel eingreift? Wenn ja, dann Herzlichen Glückwunsch, Daniel! Dein Hund hat das Level „Kot-frei“ erreicht!

Wenn Bello doch mal nascht: Bleib cool, Daniel!

Selbst mit dem besten Plan der Welt wird Bello es versuchen.

KEIN Drama! – Schreien, panisches „BELLO, WAS TUST DU?!“ – alles kontraproduktiv.
Einfach weitergehen. Bello ruhig wegführen, ohne großes Trara.
Kurzanalyse: Was ist schiefgelaufen? War Daniel gerade mit seinem Handy beschäftigt? Hat Bello eine neue

Taktik entwickelt?

Plan anpassen: Beim nächsten Mal einfach noch ein bisschen aufmerksamer sein.

Rückfälle sind kein Weltuntergang. Auch wir Menschen schaffen es nicht immer, unsere schlechten Angewohnheiten direkt abzulegen. (Siehe: Chips essen beim Fernsehen.)

Bonus: Tricks und Spiele als Kot-Alternative

Bello braucht ein Hobby. Und nein, „Kot Sommelier" zählt nicht.

Leckerli-Suchspiel: Daniel versteckt Futter im Gras – Bello darf suchen.

Ball statt Kot: Bello liebt Apportieren? Perfekt! Dann wird er künftig diesen Ball verfolgen – und nicht den Braunen.

Tricktraining: Jeder Trick bringt ihn weiter weg von seinem ursprünglichen Hobby.

Daniel strahlt. „Bello liebt Apportieren. "Vielleicht konzentriert er sich dann mehr auf den Ball als auf den Haufen."

„Das ist das Ziel! "Wenn Bello im Kopf schon beim nächsten Wurf ist, bleibt keine Zeit für Blödsinn."

Fazit: Bello wird KEIN Kot-Esser für immer bleiben

Ja, es dauert.

Ja, es wird manchmal frustrierend.
Ja, Daniel wird vielleicht ein paar graue Haare mehr haben.
Aber mit dem richtigen Plan wird Bello checken: „Kot lohnt sich nicht. Leckerli und Lob? "Viel besser!"''

Plan haben – kein kopfloses Rumschreien. Geduldig und konsequent bleiben.
Bello um konditionieren – Kot ist langweilig, sein Mensch ist cooler.
Daniel atmet durch, schaut Bello an und nickt entschlossen.
„Okay, Kumpel. "Wir ziehen das durch." Bello guckt zurück – entweder voller Verständnis oder voller Hoffnung auf Käse.
Wie auch immer – wir haben einen Plan. Und das ist der erste Schritt zur Haufen freien Zukunft.

7. Gruppentraining oder Einzelcoaching?

Manche Hundebesitzer bevorzugen das Training allein mit ihrem Vierbeiner durchzuziehen. Andere schwören auf

Hundeschulen oder Gruppentrainings, bei denen ein professioneller Trainer anleitet und gleichgesinnte Hundehalter mit ähnlichen Problemen beisammen sind. Beides kann funktionieren.

- Vorteile einer Hundeschule: Du bekommst direktes Feedback, ein Auge von außen und du kannst gezielt Fragen stellen.
- Vorteile eines Einzelcoachings: Persönliche Betreuung, Trainingsplan individuell auf deinen Hund zugeschnitten, intensiveres Lernen.
- Vorteile beim Allein-Trainieren: Kostengünstiger, flexibler, du kannst in deinem Tempo vorgehen.

„Ich überlege, einen Trainer zu engagieren, der mit uns im Park die Übungen durchgeht", meint Daniel. „So fühle ich mich nicht ganz so blöd, wenn ich Bello hundertmal dieselbe Anweisung gebe und dabei mit Leckerlis herumwedle." „Nur zu!", antworte ich. „Ein guter Coach kann dir Last von den Schultern nehmen und dir zeigen, wann du belohnen sollst oder wann ein klares ‚Nein' nötig ist."

8.   Humor: Der beste Freund des Menschen in peinlichen Situationen

Kotfressen ist kein Thema, über das man gerne beim Kaffeekränzchen plaudert. Doch eine Portion Humor kann dir helfen, Stress abzubauen. Mache dir bewusst, dass unzählige andere Hundebesitzer ähnliche Probleme haben. Du bist nicht allein! In vielen Hunde-Foren finden sich witzige Anekdoten über „Kot-Schlürfer", „Exkrement- Gourmets" oder „Pups-Giganten", die es zu übertrumpfen gilt. Wenn du mit anderen Betroffenen lachst, verändert sich deine innere Einstellung. Auf einmal ist Bello nicht mehr das schwarze Schaf, sondern Teil einer Hundegeschichte, die Millionen von Tierhaltern teilen.

Daniel lacht herzlich, als ich ihm ein paar Foreneinträge zitiere: „Da schrieb jemand, sein Dackel hat sich so an die Haufen gewöhnt, dass er sie im Garten regelrecht sammelt, um sie später zu verdrücken … "Das ist noch übler als Bellos Aktionen!"" Seltsam, aber wahr – und allein das Gefühl, nicht der Einzige zu sein, kann enorm entlasten.

9. Fortschritte feiern: Kleine Siege als große Meilensteine

Egal, ob Bello in einer Woche oder in zwei Monaten erstmals an einem Haufen nur schnuppert und nicht beißt – das ist dein Signal, dass das Training wirkt. Feiere diese kleinen Siege! Gönn dir selbst einen triumphalen Augenblick – meinetwegen klopf dir auf die Schulter, iss ein Stück Schokolade (dein eigenes Leckerli).

„Es klingt albern, aber ich habe wirklich ein Glücksgefühl, wenn Bello an einem Haufen vorbeigeht und mich stattdessen anschaut", erzählt Daniel. „Dann weiß ich: Er hat es registriert, sich aber dagegen entschieden. "Hammer!"

Dieses Glücksgefühl ist kein Zufall. Unser Gehirn liebt Erfolge, und wenn wir lernen, auch Mini-Erfolge zu würdigen, bleiben wir eher motiviert. Das gilt für den Hund gleichermaßen: Mit jedem Lob, jeder positiven Bestätigung wächst sein Wille, das unerwünschte Verhalten zu unterlassen.

10. Erwarte keine Perfektion
– auch nicht vom Hund

Um es noch einmal hervorzuheben: Perfektion existiert nicht. Jeder Hund hat seine Macken. Bello wird womöglich nie zum Engelchen mutieren, das sich im Park mit geschlossenen Augen an Häufchen vorbeiführt. Und das ist okay! Ein Ziel sollte nicht sein, Bello „umzuprogrammieren" – sondern sein Verhalten so zu lenken, dass Kotfressen selten, bis gar nicht vorkommt. Wenn es mal passiert, geht die Welt nicht unter. Die meiste Zeit aber kannst du gemeinsam genießen, ohne permanent in Lauerstellung sein zu müssen.

Daniel scheint das zu verstehen. „Ich wäre schon froh, wenn Bello es zu 90% lässt. "Die restlichen 10% kann ich vielleicht ertragen, wenn es nicht mehr ständig passiert." Diese Einstellung ist genau richtig: Realistisch und freundlich gegenüber seinem Vierbeiner.

Ein Blick zurück: Was hat sich seit Kapitel 1 und 2 getan?

So, Daniel, Zeit für eine kleine Bilanz. Was hat sich in den letzten Wochen eigentlich verändert?

Gesundheitscheck und Futter:
Bello wurde vom Tierarzt gründlich durchgecheckt – Ergebnis: Hund kerngesund, nur geschmacklich fragwürdig. Inzwischen bekommt er besseres Futter mit hochwertigen Inhaltsstoffen und ein paar gut dosierte Nahrungsergänzungen, die ihn hoffentlich davon überzeugen, dass Steak leckerer ist als das, was er bisher bevorzugt hat.

Einstellungswandel:
Daniel ist auf dem Weg vom „OH MEIN GOTT, WARUM MACHT ER DAS?!" zu einem „Okay, tief durchatmen, wir haben das im Griff". Ekel und Wut weicht langsam einem pragmatischen Humor. Und das ist wichtig – denn wer zu lange in den Wahnsinn abrutscht, landet irgendwann schreiend auf einer Parkbank, während sein Hund fröhlich weiter nascht.

Erste Trainingserfolge:
Bello checkt langsam, dass es sich lohnt, auf Daniel zu hören. Die Bindung wächst, und Bello wird immer mehr zum Teampartner – statt zum selbstständigen Haufen- Kritiker.

Kein Hexenwerk:
Daniel hat verstanden: Geduld ist alles. Rückschläge gehören dazu, aber solange er dranbleibt, wird Bello Schritt für Schritt umdenken.

Kapitel-Fazit: Mit Plan, Spaß und Liebe zum Ziel

Also, was haben wir aus diesem Kapitel mitgenommen?

Training statt Wundermittel: Es gibt keine Zauberpille, die Bello sofort zum Anti-Kot-Gourmet macht (obwohl das ein Verkaufsschlager wäre). Stattdessen hilft nur konsequentes, Belohnung-basiertes Training.

Klare Methoden: Daniel hat jetzt einen Plan – klare Kommandos, gezieltes Lenken, viel positive Bestätigung.

Bessere Management-Taktik: Er hat gelernt, Bello gar nicht erst in Versuchung kommen zu lassen – frei nach dem Motto: „Was ich nicht sehe, kann ich nicht essen."

Geduld, Geduld, Geduld: Rom wurde nicht an einem Tag erbaut – und Bellos Geschmackssinn wird sich auch nicht über Nacht neu kalibrieren.

Humor als Waffe: Wer lacht, verzweifelt nicht so schnell. Und wenn du mit deinem Hund lebst, ist Lachen ohnehin Pflicht.

Notfallplan für harte Fälle: Sollte es doch mal brenzlig werden, hat Daniel jetzt auch den Mut, sich professionelle Unterstützung zu holen.

Daniel, Bello und das große Aha-Erlebnis

Daniel lacht, als wir unser Training Revue passieren lassen.

„Weißt du", sagt er, „vor ein paar Wochen hätte ich nie gedacht, dass ich mal so locker über das Thema rede. Kotfressen war für mich DAS schlimmste No-Go überhaupt. "Aber jetzt fühle ich mich endlich handlungsfähig." Und weißt du was? Genau das ist der Punkt. Egal, wie groß ein Problem am Anfang erscheint – sobald du einen Plan hast, verliert es seinen Schrecken. Bello spürt die Erleichterung. Oder

vielleicht freut er sich

einfach nur darüber, dass niemand mehr versucht, ihm ständig ins Maul zu greifen. Auf jeden Fall wedelt er kräftig

mit dem Schwanz und trabt mit neuer Energie neben Daniel
her.

Jetzt heißt es: Üben, üben, üben – und ein bisschen
Geduld mitbringen.

Ein Ausblick auf Kapitel 4: Fehler, Fallen und Frustrationstoleranz

Okay, wir haben den Grundstein gelegt. Bello macht
Fortschritte, Daniel wird entspannter – aber seien wir
ehrlich: Es wird nicht immer glatt laufen.

Was tun, wenn du auf den Typen triffst, der NIE den Haufen
seines Hundes wegräumt?

Was, wenn Bello auf einmal auf
„schwerhörig" macht und dich völlig ignoriert?

Und was, wenn du das Gefühl hast, dass ihr auf der Stelle
tritt?

Tja, genau darum geht's in Kapitel 4: Die klassischen Fehler, die
jeder Hundebesitzer (ungewollt) macht – und wie du damit
umgehst, ohne die Nerven zu verlieren. Denn mal ehrlich: Jedes
Problem hat seine Stolperfallen. Aber
wenn man sie kennt, kann man sie umschiffen, statt kopfüber
hineinzustolpern.

Und jetzt? Erstmal tief durchatmen.

Setz dich hin, schnapp dir einen Kaffee (oder ein Glas Wein, je nach Tageszeit und Stresslevel) und schau deinem Hund tief in die Augen.

Denn egal, wie chaotisch, frustrierend und eklig es manchmal ist – ihr beide habt schon eine Menge geschafft.

Und wer weiß? Vielleicht lachst du in ein paar Monaten nur noch darüber, dass du je gedachtest, Bello würde für immer auf „Häufchen-Kost" stehen.

Also: Bleib dran, hab Spaß beim Training und denk dran – du bist nicht allein.

Denn wenn eines sicher ist, dann das: Kotfressen ist ein ungewöhnliches Hobby – aber immerhin eines, das sich mit Geduld, Training und Humor in die Schranken weisen lässt. In diesem Sinne: Bleib am Ball, lass dich nicht unterkriegen – und vor allem: Lass Bello nicht an den Haufen!

Kapitel 4

Es sind ein paar Wochen vergangen, seit Daniel offiziell zum Präsidenten des Anti-Kot-Fress-Clubs wurde. Der Herbst hat mittlerweile übernommen – mit Matsch, buntem Laub und natürlich der geheimen Zutat, die jeden

Parkspaziergang für Bello zu einem Gourmet-Abenteuer macht: fremde Hundehaufen.

Aber hey, es gibt Fortschritte!

Bello hat begriffen, dass Kot nicht das Ticket ins Schlaraffenland ist. Statt sich begeistert auf jede braune Überraschung zu stürzen, schnuppert er nun – aber dann blickt er fragend zu Daniel: „Komm schon, Boss, wo bleibt mein Leckerli?"

Das Training trägt Früchte!
Aber lassen wir die Champagnerflaschen noch nicht knallen.

Denn: Rückschläge sind so sicher wie der Fakt, dass Bello sich IMMER in der größten Pfütze wälzen wird, kurz bevor du Besuch bekommst.

Willkommen in Kapitel 4 – dem Überlebensguide für frustrierte Hundebesitzer, die sich fragen, ob ihr Hund sie manchmal absichtlich in den Wahnsinn treibt.

1. Die Sache mit den „fremden Haufen" – Warum andere Hunde deinen Trainingsplan sabotieren

Daniel und ich drehen unsere übliche Runde. Plötzlich bleibt er abrupt stehen.

Da liegt er. Majestätisch.

Ein XXL-Haufen mitten auf dem Gehweg. Ein Denkmal für
die Ignoranz mancher Hundehalter.
„Na super", murmelt Daniel. „Ich sehe schon, Bello
kriegt wieder dieses Glitzern in den Augen."
Doch dann passiert das Unglaubliche: Bello bleibt stehen,
schnuppert – und dreht sich zu Daniel um, statt sich auf den
Haufen zu stürzen!

Wir schauen uns an. Ein kleines Wunder.
Doch Daniels Euphorie hält nicht lange. „Weißt du, was mich
richtig nervt?" fragt er. „Ich kann Bello noch so gut trainieren
– aber wenn andere ihre Haufen nicht wegräumen, fühlt sich
das hier an wie ein Hindernislauf in einem schlechten
Reality-TV-Format."

Tja, willkommen in der harten Realität des Hundealltags:

Du kannst deinen Hund trainieren – aber nicht die ganze
Welt drumherum.

Fremde Haufen sind nicht dein Fehler – aber sie sind leider
echtes Übungsmaterial.

Ja, manche Menschen sind schmerzbefreit. Nein, du kannst sie
nicht mit Kot bewerfen. (Auch wenn du es insgeheim
manchmal möchtest.)

Was du tun kannst:

sei mental vorbereitet. Sieh's als Extra-Training, nicht

als Schikane.

Reg dich nicht über andere Hundehalter auf –

zumindest   nicht hörbar.

Mach ein Spiel draus: „Wer kann den meisten Kot

"Ignorieren?" (Spoiler: Hoffentlich Bello.)

2.   Typische Fehler beim Training – und wie du sie vermeidest

Selbst mit den besten Absichten kann man beim Training ordentlich ins Fettnäpfchen treten – oder in den Haufen. Hier sind die größten Stolperfallen:

79

Fehler 1: Inkonsequenz – Das „Heute ist mir alles egal"-Problem

Ich sage das Wort, und Daniel sieht aus, als hätte ich ihm gesagt, er müsse sein Leben lang auf Pizza verzichten.

„Ja, okay, erwischt", murmelt er. „Gestern hatte ich einfach keinen Nerv mehr. Ich habe nur müde ‚Lass das' gesagt und ihn dann weiterlaufen lassen.

Und was hat Bello gelernt?

„Mal krieg ich Ärger, mal nicht – ich versuch's einfach weiterhin!"

Wie du's besser machst:

Wenn du mal keine Energie hast, mach einen kurzen Spaziergang mit Leine.

Bleib so konsequent wie möglich. Dein Hund braucht klare Regeln – nicht Montag bis Mittwoch streng und Donnerstag: „Ach komm, heute nicht."

Fehler 2: Falsches Timing – Das „Wofür werde ich eigentlich belohnt?"

Hunde haben kein Tagebuch. Sie denken nicht über ihre Taten nach.

Wenn Bello vor fünf Sekunden Kot gefressen hat und du JETZT schimpfst, denkt er: „Warum ist Herrchen plötzlich so schlecht drauf?"

Wenn Bello brav am Haufen vorbeigeht, aber du ihm erst 30 Sekunden später ein Leckerli gibst, denkt er: „Cool, ich werde belohnt, weil ich gerade an einem Grashalm kaufe!"

Wie du's besser machst:

Timing ist ALLES! In der Sekunde, in der Bello sich
gegen den Haufen entscheidet – belohnen!

Wenn er doch schwach wird – ruhig wegführen, nächstes
Mal schneller reagieren.

Fehler 3: Zu hohe Erwartungen – „Warum macht er das nicht einfach?!"

Daniel schüttelt den Kopf.

„Ich dachte echt, nach einer Woche mit Leckerlis und Lob würde
Bello von selbst sagen: ‚Danke, ich verzichte.'" Ich grinse. „Und?
"Hat er?"'"

Daniel verdreht die Augen. „Pff, als ob! Manchmal ist er top –
und dann, "zack, voll drin!"'"
Tja, Überraschung! Dein Hund ist keine Maschine mit

„Kot-Fress-Sperre 2.0"-Update.

Wie du's besser machst:

Lernprozesse brauchen Zeit. Mal Wochen, mal Monate.
Das ist normal.

Rückschläge sind kein Drama. Bello ist kein Roboter –
Er testet nur, ob die Regeln wirklich noch gelten.

Dranbleiben! Es gibt keine magische Abkürzung – aber konsequentes Training zahlt sich IMMER aus.

3. Rückschläge und Frust Attacken – Wenn du du denkst, dein Hund macht das mit Absicht

KaumTrainingsfehlerhaben wir die häufigsten durchgesprochen,Live- bekommen wir die perfekte Demonstration davon. Ein anderer Labrador rast wie ein Wirbelsturm durch den Park, während sein Besitzer panisch hinterher rennt und brüllt: „NEIN! AUS! "LASS DAS!"" – Doch der Hund hat längst mit einer intensiven Haufen-Analyse begonnen.

Daniel seufzt. „Oh Mann, der Arme", murmelt er und schaut mitfühlend auf das verzweifelte Herrchen. Er weiß nur zu gut, wie es sich anfühlt, wenn man das Gefühl hat, der Hund wäre ein sabberndes Genie – aber nur, wenn es ums Ignorieren von Kommandos geht. Solche

Momente sind normal. Jeder, der mit Hundetraining zu tun hat – egal ob Profi oder völlig ahnungsloser Ersthundebesitzer mit Google-Führerschein – kennt diesen Moment, in dem man sich fragt:
„Hat mein Hund heimlich einen Vertrag mit den Kot-Hinterlassen abgeschlossen?!"
Daniel stöhnt. „Und was mach ich, wenn Bello plötzlich so drauf ist wie dieser Labrador da drüben und ich gefühlt wieder bei null anfange?"

Ich klopfe ihm auf die Schulter. „Dann atmest du tief durch, erinnerst dich daran, dass du es schon einmal geschafft hast, und justiert dein Training ein bisschen neu."

Hier sind drei Dinge, die helfen, wenn du am liebsten einfach nur noch schreiend nach Hause laufen würdest:

Tipp 1: Mach eine Trainingspause (Nein, Bello darf sich trotzdem nicht selbst versorgen!)

Das heißt nicht, dass du das Handtuch wirfst und Bello kurzerhand beim Zirkus als „Der unglaubliche Kot-verschlingende Retriever" anmeldest.
Aber manchmal braucht man einfach einen Tag ohne Druck.

gönnt euch einen Spaziergang, bei dem Bello einfach Hund sein darf. Kein Abruftraining, keine „Nein!"-Orgie – einfach nur eine entspannte Runde an der Leine, in der ihr mal beide runterkommt.
Denn manchmal ist es nicht der Hund, der das Problem ist – sondern dein eigenes Stresslevel.

Tipp 2: Hol dir eine zweite Meinung (Nein, nicht von Bello!)

Wenn du das Gefühl hast, du drehst dich im Kreis, dann ist es kein Zeichen von Schwäche, dir Rat zu holen.

Optionen:

Ein erfahrener Hundebesitzer – Manchmal sieht ein Außenstehender, was du selbst übersiehst. Zum Beispiel: „Ähm, du rufst Bello zehnmal, aber du klingst, als würdest "Du eine Steuererklärung vorlesen – kein Wunder, dass er dich ignoriert."

Ein Hundetrainer – Ja, kostet Geld. Aber wenn dein Hund regelmäßig denkt, du hättest die Leitung ihm gekündigt, kann ein Profi oft schneller eine Lösung finden.

Filme dir beim Training – klingt erst mal peinlich, aber du wirst überrascht sein, was du dabei entdeckst.

Vielleicht fällt dir auf, dass du das Leckerli zu spät gibst oder dein Kommando mehr nach verzweifeltem Betteln klingt als nach souveräner Führung.

Tipp 3: Schreib dir deine Erfolge auf (Ja, wirklich!)

Ich weiß, es klingt so, als ob ich jetzt gleich dazu rate, dass du Bello ein Motivationstagebuch führst. („Liebes

Tagebuch, heute habe ich KEINEN Kot gegessen – was für ein Erfolg!")

Aber im Ernst: Rückschläge fühlen sich oft schlimmer an, als sie sind.

Notiere dir die Erfolge!
„Bello ist heute an drei Haufen vorbeigegangen, ohne schwach zu werden!"
„Zum ersten Mal hat er mich sofort angeschaut, als ich ihn gerufen habe!"

Denn an Tagen, an denen gar nichts funktioniert, kannst du nachlesen, wie weit ihr eigentlich schon gekommen seid.

4. Andere Hundehalter – Fluch und Segen zugleich

Daniel lehnt sich an einen Baum und stöhnt. „Weißt du, manchmal möchte ich fremden Hundebesitzern einfach mal kurz erklären, was ich hier eigentlich versuche. "Damit sie nicht aus 50 Metern Entfernung Bello anfeuern, während ich gerade verzweifelt versuche, ihn von einem Haufen wegzuscheuchen."

Er erzählt mir von einer besonders absurden Situation:

Ein netter, aber übereifriger Spaziergänger sieht Bello,
klatscht in die Hände und ruft fröhlich: „Na komm, Bello,
zu mir!"

Daniel: „Nein, danke, wir trainieren gerade."

Bello: *„NEUE FREUNDE?! "COOL!"*

Kothaufen: „Gut, dann genießt euer Chaos – ich warte hier."

Ergebnis: Absolutes Durcheinander.

Und das ist leider ein Klassiker. Andere Hundebesitzer haben
oft die besten Absichten – aber leider null Ahnung, dass sie
dir gerade dein Training torpedieren.

Der Klassiker: Ungefragte Tipps und Kommentare

„Was, dein Hund frisst Kot? "Na, DER hat ja einen
Schaden!""

„Warum gibst du ihm denn Leckerlis? "Der muss doch
gehorchen!""

„Also MEIN Hund hat sowas noch nie gemacht." (Klar,
und MEINE Steuererklärung macht sich von selbst.) Hier gibt's
zwei Wege, damit umzugehen:

Weg 1: Die höfliche Variante
„Danke für den Hinweis, aber wir arbeiten gerade gezielt

an einem Problem. "Es wäre super, wenn Sie etwas Abstand halten könnten.“

Weg 2: Die passive-aggressive Variante
„Ach, was für ein Glück, dass Sie gerade da sind! Ich wollte schon immer mal einen Profi befragen. "Haben Sie eine Visitenkarte oder geben Sie Ihre Weisheiten kostenlos weiter?"“
(Okay, die zweite Option sorgt vielleicht nicht für gute Nachbarschaftsverhältnisse, aber manchmal… einfach zu verlockend.)

Wenn andere Hundehalter deine Nerven strapazieren – was tun?

Bleib freundlich, aber bestimmt. Wenn jemand deinen Hund anlockt oder stört, sagt er es direkt, aber nett.
„Bitte lassen Sie ihn, wir üben gerade.“

ändere deine Trainingsroutine oder -zeit. Falls du immer wieder in denselben „freundlichen Störenfrieden“ läufst du, kann ein kleiner Zeit- oder Ortswechsel Wunder wirken.

Ignorieren und Augenrollen als innere Meditationstechnik nutzen. Funktioniert in 70 % der Fälle.

Fazit: Frust gehört dazu – aber Bello WIRD es lernen!

Ja, Bello wird wieder schwach werden.

Ja, andere Hundebesitzer werden dich in den Wahnsinn treiben.

Ja, es wird Tage geben, an denen du denkst, „Warum HABE **ICH KEINE KATZE?!"**

Aber:

Ja, Bello wird Fortschritte machen. Ja, dein Training zahlt sich aus.

Ja, du wirst irgendwann über all das Lachen (auch wenn du es dir jetzt nicht vorstellen kannst).

Daniel atmet tief durch und nickt. „Okay, klingt logisch. "Ich werde es durchziehen."

Bello schaut ihn erwartungsvoll an – entweder, weil er die emotionale Tiefe des Gesprächs verstanden hat oder weil er auf ein Leckerli hofft.

Wie auch immer – die Reise geht weiter.

Und wenn du zwischendurch mal zweifelst: Du bist nicht allein. Jeder Hundebesitzer war schon da.

Also: Dran bleiben, durchatmen, weitermachen – und Bello bloß nicht an den Haufen lassen!

5. Wenn Bello plötzlich „taub" wird – Das Phänomen der „2. Pubertät"

Besonders spannend: Manche Hunde durchlaufen mit etwa ein bis zwei Jahren eine Art „2. Pubertät", in der sie scheinbar alles Gelernte vergessen. Plötzlich gehorchen sie schlechter, sind abgelenkt und stellen die Geduld ihres Menschen auf eine harte Probe. Auch Bello könnte – je nach Alter – in so einer Phase sein.

„Ich habe das Gefühl, Bello blendet mich manchmal komplett aus", berichtet Daniel frustriert. „Gestern habe ich ihn gerufen, und er hat nicht mal die Ohren bewegt.
"Dann hat er sich genüsslich an einem Haufen gemacht, als wäre ich Luft." Das ist kein Hexenwerk, sondern eine Mischung aus Hormonveränderungen, Charakterbildung und das Testen von Grenzen. Oft dauert diese Phase nur einige Wochen oder Monate, kann aber anstrengend sein.

Was tun?

- Halte an deinem Training fest, bleib konsequent.
- Vermeide zu harte Strafen – sie können das Vertrauen deines Hundes untergraben.
- Gib ihm Raum, sich auch mal austoben, damit er den Kopf frei hat.
- Sei geduldig, es geht vorüber!

6. „Einfach mal drüberstehen" – Humor als bester Freund

Daniel und ich kommen an einer Bank vorbei, auf der zwei ältere Damen sitzen und uns argwöhnisch mustern, als Bello vorbeiläuft. Scheinbar haben sie schon genug gesehen, was sie nicht sehen wollten. „Guck mal, der Hund da schnüffelt schon wieder an einem Häufchen! "Igitt!" Wir hören es flüstern. Früher hätte Daniel sich vermutlich geschämt, sein Gesicht wäre rot geworden, er hätte Bello entschuldigend zur Seite gezerrt.

Heute macht er etwas anderes: Er lacht. „Ach, Bello macht nur seine Zeitung Pause!", ruft er entspannt hinüber. Er lockt Bello mit einem sanften Kommando und belohnt ihn, als er wegsieht vom Kot. Beide Damen blicken ein wenig irritiert, dann lächeln sie sogar. Bello wedelt freudig mit dem Schwanz.

Genau diese Gelassenheit braucht man oft im Alltag. Wenn du es schaffst, über die Blicke und Kommentare anderer zu stehen, wird vieles leichter. Mach dir bewusst, dass du aktiv an einer Lösung arbeitest. Wer mit spitzen Bemerkungen kommt, kennt meist nur die halbe Geschichte. Und vielleicht hast du ja Glück und aus deinem humorvollen Umgang wird sogar ein nettes Gespräch.

7.   Das eigene Ego zügeln – „Es geht nicht um mich, sondern um den Hund"

Manchmal ist es auch unser Ego, das uns einen Streich spielt. Wir wollen, dass unser Hund perfekt funktioniert, gerade wenn andere zugucken. Oder wir haben gehört, dass Nachbars Hündin nach drei Tagen Training nie mehr Kot fraß, und fragen uns, warum es bei unserem Vierbeiner nicht genauso flott geht.

Doch jeder Hund ist anders. Jeder Mensch ist anders. Jeder Alltag ist anders.

Wenn wir unseren Stolz hintenanstellen und wirklich individuell schauen, was unser Hund braucht, fällt vieles leichter. Es ist keine Schande, wenn dein Hund länger braucht als irgendein Superhund aus dem Internet. Wichtig ist, dass ihr beide auf einem guten Weg seid.

Daniel erzählt mir, dass er früher immer versuchte, Bello vor anderen Vorführeffekte zu entlocken, um zu beweisen, „wie brav er ist. Das habe Bello nur verunsichert.

Mittlerweile übt er bewusst allein oder mit mir an seiner Seite. Erfolge zeigt Bello dann in kleinen, feinen Gesten: Er bleibt kurz stehen, wittert einen Haufen und entscheidet sich dagegen. In Daniels Augen ein wahrer Triumph.

8. Professionelle Hilfe als Plan B (oder A)

Wenn dich Frust und Stolperfallen zu sehr belasten, kann Es ist ratsam, einen Hundetrainer zu Rate zu ziehen. Vielleicht warst du schon in einer Hundeschule oder hast Einzelstunden gebucht. Scheu dich nicht, nochmals nachzuhaken, besonders wenn das Kotfressen wieder schlimmer wird oder gar nicht besser werden will.

Ein guter Trainer wird das Umfeld begutachten, deinen Hund beobachten und dir Rückmeldung geben, was du vielleicht übersehen hast. Er oder sie kann auch praktische Übungen mit dir und Bello direkt vor Ort machen, was oft Gold wert ist. Manchmal sind es Kleinigkeiten wie Körpersprache, Stimmlage oder Leinenhandling, die den Durchbruch bringen.

9. Die Macht der kleinen Schritte – (Fast) jeder Rückschlag ist eine Chance

Nach einer halben Stunde Spaziergang haben wir heute schon drei Haufen passiert, die Bello nicht gefressen hat, obwohl er kurz daran schnupperte. Beim vierten Haufen jedoch passierte es: Daniel war abgelenkt, Bello glaubte, niemand achte auf ihn,

funktionierte seine Schnauze

ganz vorsichtig um ein Stückchen. Ein kurzes, würgendes Geräusch bei uns Menschen, Daniel schreckt zusammen, ruft: „Bello!", reißt die Augen auf. Doch es ist geschehen, Bello hat seinen kleinen Triumph-Moment.

Früher wäre das für Daniel ein Weltuntergang gewesen, jetzt atmet er hörbar ein und aus. „Na gut", sagt er. „Einmal in dieser ganzen Runde. "Eigentlich gar nicht so schlimm, oder?"" Ich nicke. „Richtig! Überleg mal, wie oft er das früher gemacht hat. Es ist ein Vergleich von 1 zu 5 – das ist ein echtes Erfolgserlebnis. "Beim nächsten Mal wirst du wieder wachsamer sein, und Bello wird weniger Chancen bekommen." Genau darum geht's: Lerne, Rückschläge in Relation zu deinen Erfolgen zu setzen und sie nicht als Zeichen fürs Scheitern zu sehen. Dann bleibst du positiv eingestellt und zeigst deinem Hund, dass ihr trotzdem weiter übt und er sich auf dich verlassen kann.

10. Schlussgedanken: Akzeptieren, dass Perfektion illusorisch ist

Wie bei jedem größeren Trainingsprojekt gibt es Aufs und Abs. Kotfressen ist nicht einfach ein Verhalten, das man mit einem Fingerschnippen abstellt. Ein Hund kann viele Gründe haben, warum er dem Geruch verfällt. Es braucht

Zeit, Klarheit und nicht zuletzt Humor, um diesen Weg zu gehen. Aber es lohnt sich!

Daniel hat mittlerweile akzeptiert, dass Bello hin und wieder vielleicht noch naschen wird. Das Ziel ist nicht absolute Perfektion, sondern eine deutliche Reduzierung des Verhaltens, sodass der Alltag sorgenfreier und angenehmer wird. Er sagt: „Schon jetzt fühle ich mich viel besser. Ich ertrage die Situation nicht nur, ich habe das Gefühl, Bello und ich sind ein richtig gutes Team geworden. "Auch wenn's mal wieder einen ‚Kot-Fauxpas' gibt."

Gerade diese Einstellung lässt beide enorm gelassen wirken. Daniel lacht heute mehr über seine Fehler, über Bellos Rückfälle, und das entspannt die ganze Mensch-Hund-Beziehung. Denn letztlich geht es nicht nur um den Haufen da im Gras, sondern um das Vertrauen und die Kommunikation zwischen Hund und Halter.

Ausblick: Was noch kommt – und warum Bello jetzt auf der Zielgeraden ist

Okay, bis hierhin haben wir schon eine ganze Menge hinter uns gebracht – inklusive **unvergesslicher Momente zwischen Hund, Haufen und Herrchen.** Zeit für eine kleine Rückschau:

Kapitel 1: Wir haben gelernt, dass Bello mit seiner Vorliebe für „biologisch fragwürdige Snacks" leider nicht allein ist.
Kapitel 2: Wir haben herausgefunden, dass Ernährung und Gesundheit oft eine größere Rolle spielen, als man denkt.
Kapitel 3: Wir haben einen Trainingsplan aufgestellt, der Bello beibringt, dass andere Dinge im Leben – zum Beispiel Leckerlis – **deutlich attraktiver sind als Haufen.**
Kapitel 4: Wir haben uns damit auseinandergesetzt, **warum Rückschläge dazugehören** und wie du dabei die Nerven behältst (oder zumindest versuchst).
Aber wie geht es jetzt weiter?

Ganz klar: **Langfristige Stabilität.** Denn nichts wäre ärgerlicher, als wochenlanges Training – nur damit Bello irgendwann denkt:

"Ach komm, so ein kleines Häppchen... wird doch keiner merken!"

Deshalb schauen wir uns im nächsten Kapitel an:

Wie du sicherstellst, dass Bello sich nicht heimlich

wieder an alte Essgewohnheiten gewöhnt.

 Welche Tricks es gibt, um ihn mental und körperlich

so auszulasten, dass Kot für ihn einfach stinklangweilig wird. Wie du Belohnung und Motivation so einsetzt, dass

96

Bello  sich immer mehr für DICH entscheidet –

und nicht für den Haufen am Wegesrand.

Und wer weiß? Vielleicht haben Daniel und Bello bis dahin **ihren eigenen kleinen Deal** ausgehandelt: Bello ignoriert stolz jeden Haufen, läuft mit erhobenem Kopf daran vorbei – und kassiert dafür **eine doppelte Ladung Kuscheleinheiten und vielleicht sogar ein Extra- Leckerli. Wenn das kein lohnendes Ziel ist!**

Fazit Kapitel 4 – Fehler, Fallen und Frust (aber auch Fortschritt!)

Fremde Haufen bleiben eine Herausforderung. Sieh sie als Übungsmaterial – gratis und überall verfügbar! **Typische Trainingsfehler passieren.** Aber wer sie kennt (Inkonsequenz, falsches Timing, zu hohe Erwartungen), kann sie aktiv reduzieren.

Rückschläge gehören dazu. Sie sind nicht das Ende der Welt – sondern Teil des Lernprozesses.

Andere Hundehalter und ihre Kommentare? Ignorieren, humorvoll kontern oder freundlich erklären – ganz nach Tagesform.

Bei anhaltender Frustration: Mal einen Schritt zurückgehen, eine Pause einlegen oder sich professionelle Unterstützung holen.

Und das Wichtigste: **Kein Hund ist perfekt – und das muss er auch nicht sein!**

Solange sich Bellos *kulinarische Eskapaden* spürbar verringern, hast du schon einen Riesenerfolg erzielt. Jeder Spaziergang, bei dem du nicht mit Adrenalin-Schock ausweichen musst, ist **ein gewonnener Spaziergang.**

Also: **Dranbleiben, locker bleiben – und jeden Fortschritt feiern.** Denn was gibt es Schöneres, als wenn Bello irgendwann **ganz von allein entscheidet**, dass Streicheleinheiten und Belohnungen von dir **tausendmal besser sind als alles, was auf dem Boden liegt?**

Eben – nicht viel!

Kapitel 5

Es ist ein wunderbar wolkiger Tag, an dem ich Daniel mit seinem Labrador Bello wieder treffe. Diesmal hat unser treues Duo bereits mehrere Erfolgserlebnisse auf der Habenseite: Bello frisst nur noch selten Kot. Genauer gesagt, Daniel schätzt, dass Bello in 90% der Fälle an fremden Hinterlassenschaften vorbeigeht, ohne sie zu verschlingen. Das ist eine absolute Erfolgsgeschichte, wenn man sich an die Anfänge erinnert, in denen Bello sich wie ein professioneller „Kot-Sommelier" durch den Park genascht hat. Und doch: Genau diese letzten 10% stören Daniel immer noch so sehr, dass er mich förmlich angefleht, ihm den **ultimativen Feinschliff** zu verraten.

„Ich kann mittlerweile damit leben, dass Bello vielleicht einmal in zwei Wochen nascht", gesteht Daniel. „Aber dann kommt dieses schleichende Ekelgefühl wieder hoch. Ich will's komplett loswerden, wenn's denn möglich ist!" Klingt ambitioniert, oder? Wie wir gelernt haben, ist Perfektion eine Illusion. Aber in diesem Kapitel, unserem **Kapitel 5**, schauen wir uns an, wie Daniel (und jeder andere Hundebesitzer) die **Sache mit den letzten Prozentpunkten** angehen kann – also wie man von „fast perfekt" zu „möglichst nachhaltig" kommt, ohne dabei seine Nerven zu verlieren. Und ja, wir bleiben humorvoll, denn anders kann man das Thema „Kot fressen" kaum durchhalten.

1. Rückblick: Wo stehen wir eigentlich?

In den vorherigen Kapiteln haben wir uns der Herausforderung gestellt, das Geheimnis hinter Bellos unappetitlichen Verhalten zu lüften. Wir haben:

1. **Akzeptiert**, dass Kotfressen weiterverbreitet ist, als man zugeben möchte (Kapitel 1).
2. **Herausgefunden**, dass Ernährung und Gesundheit oft einen entscheidenden Einfluss haben (Kapitel 2).
3. **Einen Trainingsplan** entwickelt, der auf Ablenkung, positiver Bestärkung und konsequentem Management basiert (Kapitel 3).
4. **Fehler, Fallen und Frust Faktoren** beleuchtet und wie man damit umgeht (Kapitel 4).

Jetzt in Kapitel 5 könnten wir uns entspannt zurücklehnen und sagen: „Okay, Bello macht das kaum noch, wir haben gewonnen!" Aber das Leben (und insbesondere das Leben mit Hund) wäre ja zu einfach, wenn es keine **Rest- Probleme** gäbe. Also schütteln wir uns kurz, atmen tief durch und wagen uns an den Feinschliff.

2.   Warum ist es so schwer, die letzten 10% zu eliminieren?

Daniel rollt mit den Augen, als wir uns auf einer Parkbank niederlassen. Bello sitzt daneben und sieht so unschuldig aus, als hätte er in seinem ganzen Leben nie ein Häufchen angeschaut – geschweige denn gefressen.

„Ich könnte schwören, er macht das manchmal nur dann, wenn ich eine Sekunde zu spät reagiere. "Oder wenn er merkt, dass ich abgelenkt bin," sagt Daniel. Genau das ist der springende Punkt:

Gewohnheiten, die ein
Hund einmal verinnerlicht hat, können hartnäckig sein wie Kaugummi an der Schuhsohle. Auch wenn Bello 90% der Zeit brav ist, gibt es diesen winzigen Spalt, in dem sein altes Verhalten durchschimmert. Oft passiert das, wenn bestimmte **Auslöser** zusammentreffen:

- **Stress oder Nervosität** (bei Daniel oder Bello selbst).
- **Besonders „leckere" Hinterlassenschaften** (ja,

  aus Bellos Sicht mag das so sei n, wir sollten das jetzt nicht allzu bildlich ausführen).

- **Unerwartete Situationen**, in denen Daniel nicht aufpasst (z. B. ein lautes Geräusch, das Daniels Aufmerksamkeit weckt, während Bello sich opportunistisch bückt).

Bello hat also bereits gelernt, dass Kotfressen meist „nicht lohnt" – aber in Ausnahmefällen, wenn keiner guckt, könnte es sich ja doch lohnen. Genau dieses Quäntchen Rest-Unsicherheit nimmt den letzten Feinschliff so schwierig in Angriff.

3. Sich ehrlich zu machen: Braucht es 100% oder reicht 99%?

Bevor wir uns ans Eingemachte machen, stelle ich Daniel eine **provokante Frage**:

„Braucht es wirklich das 100%-Ergebnis, oder könnt ihr beide gut leben, wenn's ab und zu doch mal passiert?" Zunächst wirkt Daniel entrüstet: „Natürlich will ich 100%!" Dann seufzt er und lenkt ein: „Vielleicht bin ich einfach zu perfektionistisch. Natürlich wäre es schön, wenn Bello gar kein Kot mehr frisst, aber selbst Tierärzte sagen mir, "ich solle nicht durchdrehen, wenn's mal passiert." Genau! **Perfektionismus** kann ganz schön anstrengend

sein. Es ist vollkommen nachvollziehbar, wenn man das Problem am liebsten ganz und gar verschwinden sehen möchte – schließlich ist Kotfressen nicht nur eklig, sondern birgt auch gewisse Gesundheitsrisiken. Doch jeder Hund hat seine eigene Persönlichkeit, und manche behalten alte Verhaltensmuster ein Leben lang als Option im Hinterkopf.

Das heißt nicht, dass man kapitulieren muss. Es bedeutet lediglich, dass man **realistisch** bleiben sollte: Vielleicht landet Bello bei 95%, 97% oder 99%, und das ist verglichen mit der Ausgangslage schon eine gigantische Verbesserung!

4. Sicherungen einbauen – wenn's wirklich ums Ganze geht

Stell dir vor, du willst Bello in hochgradig „verführerische" Situationen führen – beispielsweise in einem Park, in dem erfahrungsgemäß oft zahlreiche Haufen herumliegen. Oder auf einen Spaziergang mit vielen anderen Hunden. Da kann es helfen, **Sicherungsmechanismen** einzubauen, sodass Bello nahezu keine Chance mehr hat, sein altes Verhalten unbemerkt auszuleben.

4.1. Schleppleine oder Kurzleine

Bello mag eine gewisse Freiheit genießerisch auskosten. Doch wenn du 100% Sicherheit willst, pack ihn an die Schleppleine. Damit hat Bello noch Bewegungsradius, aber du kannst im Notfall rechtzeitig eingreifen. Manch einer mag das für „spießig" halten, aber es erspart viele Nerven (und Bello unnötige Buß Predigten).

4.2. Maulkorbtraining?

Eine oft kontrovers diskutierte Idee. Daniel war anfangs entsetzt: „Maulkorb? "Das sieht aus, als wäre Bello aggressiv!"" Dabei kann ein Maulkorb in bestimmten Situationen einfach verhindern, dass ein Hund ungewollt etwas ins Maul nimmt. **Wenn** man ihn behutsam trainiert, versteht der Hund es nicht als Strafe, sondern als normales Accessoire. So kann man gefährliche oder eklige Snacks blocken, ohne permanent auf Habachtstellung sein zu müssen. Ich sage keineswegs, dass alle Hundehalter das tun müssen, aber für besonders „gierige" oder unbelehrbare Kontrascher kann es eine Entlastung sein – insbesondere in Stressphasen.

5.   Die Rolle der geistigen und körperlichen Auslastung

Ein Punkt, den wir bereits angerissen haben, aber der gerade in den letzten Prozenten oft den Unterschied macht, ist das Thema **Beschäftigung**. Je ausgeglichener und vielseitiger Bello ausgelastet ist, desto geringer ist die Wahrscheinlichkeit, dass ihm die Kotfresser als spannendes „Ersatz-Hobby" in den Sinn kommt.

„Ist Bello eigentlich voll ausgelastet?" frage ich Daniel beim Spaziergang. Er zuckt mit den Schultern. „Ich geh mit ihm morgens, mittags und abends raus. Manchmal apportieren wir kurz. "Reicht das nicht?"'"

Naja, für manche Hunde reicht es – aber ein **Labrador** wie Bello ist nicht selten eine unerschöpfliche Energiequelle auf vier Pfoten. Gerade, wenn du die letzten Proportionen unerwünschten Verhaltens minimieren willst, lohnt es sich, mehr **Kopfarbeit** einzubauen:

1. **Futtersuche**: Verstecke kleine Leckerlis im Gras, in Bäumen (auf niedriger Höhe) oder hinter Steinen. So kann Bello seinen Schnüffel Trieb befriedigen.
2. **Tricks & Kommandos**: Neben Sitz und Platz gibt es dutzende Tricks, die Bello lernen kann – Pfote geben, Rolle machen, Männchen, Gegenstände bringen. Das stärkt eure Bindung und fordert ihn geistig.
3. **Longieren** oder **Agility**: In vielen Hundeschulen kannst du gemeinsam einen Kurs belegen, bei dem Bello durch einen Parcours läuft oder du mit ihm an einer Kreislinie arbeitest.
4. **Denksportspiele**: Es gibt Intelligenzspielzeug, wo Bello kleine Schubladen aufschieben, Deckel anheben oder Knöpfe drücken muss, um Leckerlis zu erreichen.

Klingt nach Aufwand? Ist es auch – aber wenn du merkst, dass Bello damit **noch weniger** an Kot denkt, wirst du es nicht mehr als Zusatzbelastung empfinden, sondern als spaßige Aktivität.

6. Hausaufgabe: Mikro-Check deiner Trainingsroutine

Wenn du merkst, dass in diesen letzten Momenten doch immer mal ein Rückfall kommt, lohnt sich ein **ehrlicher Mikro-Check**:

1. **Timing**: Bist du **wirklich** schnell genug bei der Sache? Manchmal genügen 2 Sekunden Unaufmerksamkeit.
2. **Belohnung**: Ist das Leckerli noch motivierend genug? Manchmal stumpfen Hunde ab. Wechsle ruhig mal die Sorte, bringt Abwechslung rein.
3. **Körpersprache**: Hast du vielleicht unbewusst ein Signal, dass Bello verwirrt? (z. B. aggressives Vorbeugen statt klarem, freundlichem Kommando).
4. **Konsequenz**: Lässt du Bello in 1 von 10 Fällen doch gewähren, weil du müde bist? Dann registriert Bello das und testet weiter.

Gerade in den verbleibenden 10% können es winzige Details sein, die den **feinsten, letzten Unterschied** ausmachen. Daniel etwa hat festgestellt, dass er oft in Gedanken versinkt, wenn er privat gestresst ist. In genau diesen Momenten nutzt Bello die Chance, einmal kurz zu naschen. Lösung: Daniel blieb bei Stress-Phasen anfangs lieber auf bekannten, „übersichtlichen" Routen und lenkte sich nicht mit dem Smartphone ab.

7. Wenn doch mal alles schiefläuft – der ultimative Frust-Moment

Natürlich kann es auch in einer fortgeschrittenen Trainingsphase einen Tag geben, an dem plötzlich **gar nichts** mehr funktioniert. Stell dir vor, Bello hat erneut ein Festmahl in Form eines recht frischen Haufens gefunden, während Daniel telefonierte und nicht aufpasste. Dann kippt Daniels Stimmung schlagartig – alle Erfolge scheinen in seinen Augen verblasst.

Wichtig ist jetzt: **Keine Panik.** Ein großer Rückfall heißt nicht, dass monatelanges Training umsonst war. Sieh es wie einen **kleinen Ausrutscher**, den du rasch korrigiert. Manchmal hilft es, nach so einem Zwischenfall wieder ein paar Tage auf strengere Managementmaßnahmen zurückzugreifen (z. B. Schleppleine, höhere Wachsamkeit) und Bello rasch daran zu erinnern: „Hey, wir machen das hier nicht mehr."

Daniel hat genau solch einen Tag erlebt und gestanden, er habe für einen kurzen Moment fast den Glauben an das Training verloren. Doch schon 24 Stunden später war Bello wieder im grünen Bereich. **Das zeigt**, wie wichtig Geduld und Gelassenheit sind.

8.   Ein ehrlicher Blick auf das, was der Hund will

Wir treffen auf dem Spaziergang zufällig Susanne, eine Bekannte von Daniel, die ebenfalls einen Labrador hat. Sie beobachtet uns eine Weile und lacht: „Echt bemerkenswert, wie Bello inzwischen Kot weitgehend ignoriert. "Bei meinem Paul war's ähnlich – bis ich bemerkte, dass er sich vor allem dann, wie ein Staubsauger benahm, wenn ich keine Zeit für ihn hatte.“

Wir kommen ins Gespräch, und Susanne erzählt von einer interessanten Erfahrung: Sie hat Paul jedes Mal, wenn er einen Haufen angesteuert hat, **freundlich, aber scharf** weggerufen und ihm **sofort** ein Mini-Spielzeug zum Herumtragen gegeben. Paul fand das so großartig, dass er irgendwann lieber das Spielzeug wollte als den unappetitlichen Snack.

Es zeigt: Oft reicht dem Hund eine Kleinigkeit, um sein Bedürfnis nach Stimulation, Neugier oder Interaktion zu befriedigen, ohne dass er Kot fressen muss. Wer genau hinhört, sieht und nachfragt, was **wirklich** hinter dem Verhalten steckt, kann so den letzten Kick zur Veränderung geben.

-
    Ist es nur Gewohnheit?

- **Will mein Hund Aufmerksamkeit?**

- **Versucht er, sich selbständig zu beschäftigen, we**
    ich zu wenig Action biete?

11

Daniel merkt an, dass Bello sich manchmal auffällig freut, wenn er ihn vom Kot zurückruft – so, als ob er sich gedacht hätte: „Super, wieder ein persönliches Event mit Herrchen." Vielleicht ist Bello eben ein Hund, der am liebsten rund um die Uhr entertained werden möchte. Kann nerven, hilft aber, das Verhalten zu interpretieren.

Das9. Leben darf trotzdem weitergehen – bitte kein Kontrollzwang

Inzwischen sind wir tief in unserem Gespräch versunken, als Bello plötzlich stehen bleibt und schnuppert. Daniel hält die Luft an – doch Bello geht lässig weiter, als würde ihn der Geruch gar nicht interessieren. Daniel strahlt, geht in die Knie und lobt seinen Hund überschwänglich. Ich kann ein kleines Schmunzeln nicht unterdrücken, weil Daniel vor lauter Freude fast in den Busch fällt.

Hier zeigt sich wunderbar, wie **positiv** das Training die Mensch-Hund-Beziehung verändert hat. Doch ich muss Daniel bremsen: „Pass auf, dass du nicht jeden Spaziergang zu einer angespannten Kot-Kontrollaktion machst. "Ihr dürft beide noch das Leben genießen!"" Viele

Hundehalter fallen nach einer Weile in die Falle, alles nur noch auf das Kotfressen zu projizieren. Jeder Baum, jeder Strauch wird argwöhnisch beäugt, jeder

Hundehaufen sind wie eine tickende Zeitbombe. Doch der Hund spürt diese Anspannung und kann nervös werden – was das Verhalten sogar wieder fördern kann.

Balance ist das Zauberwort: Ja, achte darauf, Bello keine Chance zu geben, Kot zu fressen. Aber genieße auch unbeschwerte Momente, in denen er einfach Hund sein darf, ohne dass dein Herz rast, sobald er die Nase am Boden hat.

10. Zeit für eine Bilanz: Was haben wir erreicht, was bleibt zu tun?

Kapitel 5 – Wir haben eine lange Reise hinter uns, die mit ratlosem Kopfschütteln begann und nun bei einem ziemlich souveränen

Mensch-Hund- Team endet. Kla Bello ist kein Engel. Manchma schnuppert er noch intensiver, a Daniel lieb ist. Aber verglicher mit den alten Zeiten, in denen Bello scheinbar jeden Haufen „degustiert" hat, ist der Unterschiec wie Tag und Nacht.

Daniel resümiert:

„Ich bin viel entspannter geworden. Ja, ich bin noch nicht bei 100%, aber ich habe akzeptiert, dass Bello eben Bello ist. Manchmal bietet er noch eine Showeinlage, um zu testen, ob ich reagiere. Aber durch das Training und die Beschäftigung ist es echt selten geworden. Und wenn's doch passiert, reiße ich mir kein Bein mehr aus vor Wut oder Ekel, sondern denke: "Okay, nächstes Mal achte ich besser auf den Moment."

Damit hat er eine wunderbare Einstellung gefunden, die ich jedem Hundebesitzer nur ans Herz legen kann. Der Kern einer erfolgreichen Umerziehung – ob's nun Kotfressen oder ein anderes Problemverhalten ist – liegt darin, geduldig, humorvoll und konsistent zu bleiben, ohne den Mut zu verlieren.

Bonus: Meine vier persönlichen Lieblingssätze für den Alltag mit Kotnaschern

1. „Bello, ich sehe dich!"
   a. Manchmal genügt dieser Satz in ruhigem Ton. Bello merkt: „Oh, man beobachtet mich – "Lieber bleiben lassen."
2. „Das lohnt sich nicht – ich habe was Besseres!"

a. Auch wenn Bello nicht jedes Wort versteht, dein Tonfall und eine raschelnde Leckerli- Tüte sprechen Bände. „Jetzt machen wir was Spannenderes!" a.

3. Hundespielzeug zücken, ein Suchspiel

anfangen. Sofort wird aus Kot-Interesse Aktivitäten Freude.

4. „Passt schon!"

a. Wenn doch mal ein kleiner Ausrutscher passiert: Die Welt dreht sich weiter.

Epilog: Ein Weg aus der Dunkelheit? Ja, aber manchmal mit kleinen Stolpersteinen

Und so schließen wir Kapitel 5 mit der Erkenntnis, dass ein Ratgeber zum Kotfressen zwar das Tor zu einem besseren Zusammenleben aufstößt, es jedoch keine „Instant-Wunderpille" gibt. Du brauchst Verständnis, Humor und eine Portion Durchhaltevermögen. Daniel zeigt uns, dass man große Schritte schaffen kann, ohne dabei zu verkrampfen. Bello zeigt uns, dass ein Hund eben ein Hund bleibt, mit eigenem Kopf, eigener Schnauze und eigenem Riechempfinden.

Ob am Ende 100% oder 99% Kotvermeidung stehen, ist zweitrangig, solange das Zusammenleben spürbar stressfreier geworden ist. Und das ist es doch, worauf es ankommt, oder? Dass Hund und Mensch sich wohlfühlen und gemeinsam durchs Leben schlendern können, ohne ständig eine Tüte Ekel im Kopf spazieren zu tragen.

Man könnte sagen, dieses Kapitel ist das i-Tüpfelchen auf einer Reise, die in Kapitel 1 noch so düster wirkte. Jetzt sind wir an einem Punkt, an dem wir mit einem Lächeln an „Kotfressen" denken können. Wer hätte das gedacht? Doch mit Geduld, Verständnis und einer Prise Ironie ist eben fast alles möglich – sogar, ein „Kot-Sommelier" vom Sonderangebot zu einer Speisekarte mit verlockendem Hundeleckerlis zu navigieren. In diesem Sinne: Lass dich nicht beirren, arbeite weiter konsequent mit deinem Vierbeiner, belohne seine Fortschritte, und denk immer daran, zwischendurch auch mal herzlich über das ganze Thema zu lachen. Ein Hundeleben ist kurz, und wir sollten jede Minute genießen – ob mit Kot oder ohne. Je weniger davon in Bellos Magen landet, desto besser. Doch ein kleiner Rest an Wahnsinn gehört eben dazu, wenn man einen begeisterten Schnüffler an seiner Seite hat!

Kapitel 6

Ein paar Wochen sind vergangen, seit wir an diesem Punkt dachten, wir hätten schon alles erlebt. Aber wie das Leben nun mal spielt, hat Bello sich wieder von seiner kreativsten

Seite gezeigt – natürlich gerade dann, als Daniel dachte, die Sache mit dem Kot fressen wäre so gut wie vom Tisch. Umso spannender ist unsere heutige Frage: Was tun, wenn sich doch noch gewisse Zweifel und Unsicherheiten einschleichen? Wenn du und dein Hund zwar sagenhafte Erfolge erzielt habt, aber irgendwie noch dieser kleine, hartnäckige „Schweinehund" (verzeih das Wortspiel) in euren Köpfen herumgeistert, der alles infrage stellt?

In diesem Kapitel erkunden wir das große Thema Selbstvertrauen, sowohl beim Hund als auch beim Menschen. Und weil wir beide – du und ich – genug vom strengen Ratgeber Stil haben, machen wir das heute mit einem humorvollen Augenzwinkern, wie es sich gehört. Bist du bereit? Dann schnapp dir deinen Hund (oder stell ihn dir zumindest vor) und lass uns loslegen.

1.   Bauchgefühl meets Hundepsychologie: Warum Zweifel manchmal gute Signale sind

Daniel trifft mich in unserem vertrauten Park, mit seinem strahlenden Labrador an seiner Seite. „Weißt du," sagt er und krault Bello hinter den Ohren, „manchmal habe ich immer noch so ein komisches Gefühl, als könnte in jedem Grashalm eine Kotfalle lauern." Ich kann sein Stirnrunzeln deutlich erkennen. Dabei hat Bello in den letzten Wochen kaum mehr als ein-, zweimal Anstalten gemacht, sich an unappetitlichen Haufen zu bedienen.

„Hast du mal darüber nachgedacht, dass deine Zweifel vielleicht gar nichts mit Bello zu tun haben?" frage ich ihn. „Vielleicht befürchtest du einfach, dieses Problem könnte "Dich wieder so stressen wie früher – und das nagt an dir wie ein Wurm im Salat."

Daniel guckt mich an wie ein Kind, dem man gerade verrät, dass der Weihnachtsmann doch existiert. Dann lachte er. „Stimmt schon. Man könnte sagen, ich traue meinem "Erfolg noch nicht über den Weg."

Dasselbe Phänomen beobachte ich auch bei anderen Hundehaltern, die Koprophagie (dieses herrlich klingende Wort fürs Kotfressen) beinahe besiegt haben. Während der Hund schon längst befreit durchs Leben springt, schleppt der Mensch ein Päckchen innerer Zweifel mit sich herum. Mein Rat: Hör ruhig auf dein Bauchgefühl, aber ertränke dich nicht in unnötigen Sorgen. Zweifel sind ein Zeichen von Achtsamkeit. Sie halten dich wachsam, damit du nicht leichtsinnig wirst. Aber wenn du zu sehr daran klammerst, erstickst du den Spaß am gemeinsamen Alltag.

2. Der typische „Was-wenn-doch"-Gedanke und wie man ihn entlarvt

Jeder, der schon mal an einem Hundeverhalten gearbeitet hat, kennt diesen Gedanken:

„Was, wenn Bello genau im falschen Moment doch wieder in einen Haufen reinbeißt?"

Ja, was dann? Wahrscheinlich… nichts Dramatisches. Du hast es gelernt: Ein Rückfall ist kein Weltuntergang. Also lohnt sich der ständige, nagende

„Was-wenn-doch"-Gedanke meistens nicht. Trotzdem lässt er sich nicht immer abschalten wie ein Lichtschalter.

2.1. Ein Mini-Experiment

Manchmal empfehle ich Hundebesitzern ein verrücktes Experiment: Bewusst einen kleinen Kothaufen entdecken lassen (natürlich an sicherer Stelle) und schauen, wie der Hund reagiert. Klingt paradox, oder? Doch man lernt enorm viel über die eigene Anspannung. Ist man innerlich bereit, souverän zu reagieren, wenn der Hund sich nähern sollte? Oder steht man schon in Habachtstellung, bevor Bello überhaupt ansetzt?

- Wenn du dich beim Gedanken ertappst, sofort zu schreien: „Nein, das tust du nicht!", obwohl dein Hund nur schnuppert, lohnt es sich, ein paar

Atemzüge zu nehmen und erstmal gelassen zu bleiben.
- Wenn Bello keinen Anstalten macht, das
  Zeug zu fressen, kannst du dich entspannt
  zurücklehnen und stolz sein.

Oft stellen wir fest, dass unser Kopf uns Streiche spielt – die Realität ist viel weniger aufregend, als wir denken.

3. Wenn der Hund besser gelernt hat als der Mensch

„Wusstest du, dass Bello eigentlich gar nicht mehr an Kot denkt?" frage ich Daniel, während wir langsam um einen Teich schlendern. Er gibt ein skeptisches Brummen von sich. „So sieht's vielleicht aus, aber ich glaube, er lauert nur auf meine Unaufmerksamkeit."

Ich lache. „Mit deiner Leckerli- und Belohnungsstrategie hat Bello inzwischen kapiert: ‚Kot bringt Stress, Leckerlis bringen Fun.' "Deine Sorge sitzt jetzt mehr in deinem Kopf als in seinem."

So witzig es klingt, es kommt häufiger vor, als man denkt: Der Hund hat sich längst unkonditioniert und freut sich über seine neuen Gewohnheiten, während der Mensch in einer „Trauma Verarbeitung" festhängt. Das ist keine Schande. Es ist nur ein Hinweis darauf, dass wir Menschen manchmal ein bisschen länger brauchen, um das alte Kopfkino loszulassen.

Mein Tipp: Gönn dir Erfolgsmomente. Feiere kleine, scheinbar banale Situationen, in denen dein Hund an Kot vorbeiläuft, ohne mit der Wimper zu zucken. Jeder dieser Momente ist ein Beweis, dass du dich auf dein Training und deinen Hund verlassen kannst – kein Grund, ständig Panik zu schieben.

4.   Belohne dich selbst – nicht nur den Hund!

Wir reden immer davon, dem Hund ein Leckerli zu geben, wenn er vorbildlich reagiert. Aber was ist mit dir? Wo bleiben deine Leckerlis, wenn du souverän bleibst oder wenn du cool einen potenziellen Kot-Haufen umschifft, ohne Puls 180 zu bekommen?

„Ach, jetzt sag bloß, ich soll mich selbst belohnen", lacht Daniel ungläubig. „Genau das sage ich dir!" entgegne ich. Es muss kein Stück Speck sein (obwohl, warum nicht, wenn du's magst?). Gönn dir etwas Schönes – sei es ein guter Kaffee, ein Stück Schokolade oder ein lautes, befreites „Ich bin super!", wenn gerade keiner zuhört. Was albern klingt, bewirkt auf psychologischer Ebene viel.

- Wir alle brauchen Anerkennung
für unsere Bemühungen.
- Wenn du dich selbst lobst, lernt dein Gehirn, dass
Spaziergänge ohne Kot-Drama sind eine angenehme
Sache.

Das hilft, die letzte Unsicherheit schrittweise abzubauen und
Vertrauen zu gewinnen. Und wer weiß, vielleicht findest du
dieses Prinzip so gut, dass du es auch in anderen
Lebensbereichen anwendest (ich persönlich belohne mich
manchmal mit einem Stück Kuchen, wenn ich nur den Müll
rausgebracht habe – nobody's perfect).

5. Humor, der wahre Retter in der Not

Dieser Punkt taucht in jedem Kapitel auf, und das hat einen Grund:
Ohne Humor wäre das Thema Kotfressen unerträglich. Ein
mürrisches Gesicht und ein gestresstes Gemüt machen die
Situation nicht besser, sondern sorgen dafür, dass jeder
Spaziergang zur nervlichen Zerreißprobe wird.

Daniel erzählt mir von einem witzigen Zwischenfall: Er hat
versehentlich vor Bello laut verkündet: „Das ist doch absolut
Käse, Bello – du brauchst doch keinen Hüttenkäse aus dem
Gras!" Ein vorbeigehender Jogger hat daraufhin verwirrt
geguckt und Daniel wohl für komplett übergeschnappt
gehalten. Aber Daniel lachte noch Stunden später über seine
Wortschöpfung „Hunde Käse".

Und genau das ist es: Solche Mini-Momente, in denen man sich selbst auf die Schippe nimmt, lösen innere Spannungen.

Sei also nicht zu ernst. Rede mit deinem Hund, als würdet ihr zwei Kumpels sein, die bei einem Bier (oder Wasser) zusammensitzen: „Komm, Bello, heute lassen wir die Häufchen mal Häufchen sein und konzentrieren uns aufs Ballspielen, ja?" Oft merkst du erst, wie befreiend das wirkt, wenn du's ausprobierst. Im Zweifelsfall denken Fremde, du hast einen Spleen. Na und?

6. Fortgeschrittenes Anti-Kot-Training: Neue Herausforderungen suchen

Du willst nicht ewig an Kot-Themen rumdoktern. Kein Hund und kein Mensch können das spannend finden – irgendwann ist's genug. Eine gute Strategie, um endlich das Kapitel „Kotfressen" abzuschließen, ist, deinem Hund einen neuen Trainingsschwerpunkt zu geben. Denn wenn ihr beide euch auf etwas Neues konzentriert, ist im Kopf kein Platz mehr für dieselben alten Sorgen.

- Trick-Training: Bring deinem Hund bei, Socken in den Wäschekorb zu legen (glaub mir, das kann man trainieren).

- Suchspiele: Versteckte Leckerlis auf Baumstämmen oder Laubhaufen. Das fordert Bellos Geruchssinn sinnvoll.
- Dogdance: Du möchtest mal was völlig Verrücktes probieren? Mit ein bisschen Musik und Kreativität kann dein Hund kleine Tanzschritte lernen.

Das führt dazu, dass sowohl du als auch Bello neue Erfolgserlebnisse haben. Und wenn Erfolgserlebnisse da sind, verkümmert die alte Angst vor Kotfressen wie Unkraut, das kein Wasser mehr bekommt. Plötzlich stellt ihr fest: „Hey, wir haben Spaß, und Kot ist nur noch irgendein irrelevanter Mist am Wegesrand." Genau das ist das Ziel.

7.   Gruppen-Power:

Gemeinsam gegen den Frust

In Kapitel 4 haben wir über andere Hundebesitzer gesprochen, die bisweilen eher stören, statt zu helfen. Das muss aber nicht immer so sein! Mittlerweile haben sich nämlich Selbsthilfe-Gruppen für Hundehalter etabliert, die ähnliche Probleme haben – manche offline in Hundevereinen, manche online in Foren oder Social- Media-Gruppen.
Daniel zum Beispiel hat sich einer kleinen Truppe

angeschlossen, in der Leute ihre Geschichten vom

„Kot Verzicht" der Hunde teilen. Sie ermutigen sich gegenseitig und machen manchmal Gruppen-Spaziergänge mit dem Ziel, zusammen an Kotstellen vorbeimarschieren und sich dabei gegenseitig zu unterstützen. Klingt schräg, ich weiß – aber es funktioniert!

„Wir haben das ‚Kot-Hopping getauft", erzählt Daniel lachend. „An jeder Kotstelle wird einer von uns zum Wachsamen, der die Hunde beobachtet, während die anderen uns anfeuern. "Total albern, aber wir haben Spaß ohne Ende."

Und das ist der Punkt: Wenn du merkst, du bist nicht allein, geht vieles leichter. Außerdem entdeckst du bei solchen Treffen oft, dass dein Hund schon weiter ist, als du dachtest. Andere kämpfen vielleicht noch stärker, und du kannst sogar Tipps geben – ein großartiges Gefühl.

8. Vorbereitung auf den „Kot-Finale-Test"?

Hin und wieder fragen mich Menschen: „Kann ich meinen Hund auf eine Art Abschlussprüfung vorbereiten, damit wir offiziell sagen können: ‚Kotfressen Ade, wir sind fertig!'?" Nun, eine formelle Prüfung gibt es in der Hundewelt für so etwas nicht (obwohl es witzig wäre, ein Zertifikat ‚Geeignet zur Kot-Enthaltsamkeit' zu bekommen).

Du kannst dir aber dein eigenes Ritual schaffen. Zum Beispiel könntest du einen Spaziergang planen, von dem du weißt, dass in der Vergangenheit dort die meisten Rückfälle passiert sind. Dann stellst du dich dem Ganzen bewusst.

-

  Läuft alles super, Bello schnüffelt nur kurz und wendet sich ab? Dann gönn dir oder euch eine kleine Belohnung: ein gemeinsames Eis (Bello darf meinetwegen ein paar Schleckchen vom hundefreundlichen Eis kriegen) oder ein neues Spielzeug.
- Läuft es schief, frisst Bello doch was? Sieh es mit Gelassenheit: Ihr übt eben weiter. Aber allein, dass du dich bewusst dieser Situation gestellt hast, ist ein Erfolg.

Rituale können uns helfen, innerlich Dinge abzuschließen. Wenn du also das Gefühl hast, so ein „Kot-Finale-Test" würde dir eine symbolische Last von den Schultern nehmen, warum nicht?

9.Noch mehr Humor: Daniels peinlichster Moment

Zur Auflockerung erzählt mir Daniel etwas, das er mir angeblich „nie hätte sagen wollen" – aber wir sind mittlerweile befreundet genug, dass er über seinen

Schatten springt. Vor einigen Tagen, als er mit Bello auf einer Wiese unterwegs war, knallte ein lauter Böller (irgendwo wurde vorgefeiert, man weiß es nicht genau). Daniel erschrak so sehr, dass ihm selbst ein kleiner Schrei entfuhr – und Bello, verunsichert von dem Schrei, sprang tatsächlich an eine kleine Kotstelle. Genau in dem Augenblick fuhr ein Fahrradfahrer vorbei, der belustigt grinste und rief: „Na, wem von euch ist denn jetzt die Muffe gegangen?"

„Ich hätte im Erdboden versinken können", stöhnt Daniel. „Erst schrei ich wie ein Mädchen, dann springt Bello an den Haufen – wir wirkten wie das inkompetente Duo aller Zeiten!" Weißt du, was ich dazu sage? Perfekt. Das ist doch großartig, weil diese Geschichte zeigt: Mensch und Hund sind eben nicht immer eine Maschine, die auf Knopfdruck reibungslos funktioniert. Pannen passieren. Und weil Daniels Reaktion (der Schrei) Bello aus dem Konzept gebracht hat, schlug dieser kurz in sein altes Muster. Aber am Ende ging die Welt nicht unter. Tatsächlich hat Daniel sich später halb tot gelacht über diesen Moment.

Und Bello? Der war in zwei Minuten wieder fröhlich unterwegs, als wäre nie etwas gewesen.

10.   Letzte Worte zu Kapitel 6: Erkenne deinen Erfolg und geh weiter

Nun, wir sind in Kapitel 6 angekommen – eigentlich schon recht weit auf der Reise zum kotfreien Leben deines Hundes. Vielleicht fragst du dich, ob es noch mehr zu erzählen gibt? Ganz ehrlich: Du kannst immer tiefer gehen, noch mehr Details durchkauen (Wortspiel beabsichtigt), oder du kannst einfach akzeptieren, dass ihr es weit geschafft habt. Denn wenn dein Hund nur noch selten rückfällig wird und du ihn in den meisten Situationen souverän ablenken oder lenken kannst, bist du fast am Gipfel.

Die Quintessenz lautet: Darfst du Zweifel haben? Ja, unbedingt. Zweifel sind menschlich und halten uns wachsam. Musst du dich von ihnen beherrschen lassen? Nein, auf keinen Fall. Der Trick ist, sie wahrzunehmen, anzuerkennen und dann fröhlich an Bello weiterzugeben:

„Du, Bello, wir meistern das schon zusammen!" Wenn du das schaffst, geht dir die letzte Unsicherheit nicht mehr so an die Nieren.

Feier deine Fortschritte – das ist nicht nur eine Floskel. Bring dir selbst Wertschätzung entgegen, genauso wie deinem Hund. Und wenn du dich beim nächsten Spaziergang erwischst, wie du ein seliges Lächeln auf den Lippen hast, nur weil Bello einem Haufen stoisch den Rücken zukehrt, dann genieße diesen Moment vollkommen. Genau darum geht's im Zusammenleben mit

Hund: gemeinsame Erfolge, gemeinsame Pannen, aber vor allem – gemeinsame Freude.

In diesem Sinne:

- Nimm deine letzten Zweifel an, ohne sie zu dramatisieren.
- Belohne dich selbst, genauso wie du Bello belohnt.
- Gestalte ein eigenes Ritual, um dir selbst zu zeigen: „Wir sind weit gekommen.
- Mach dir klar, dass dein Hund vielleicht schon viel weiter ist, als du glaubst.
- Und vor allem: Lachen – über dich selbst, über Bello und über die Merkwürdigkeiten des Hundelebens.

Du wirst sehen: Diese Art der „therapeutischen Gelassenheit" ist die finale Zutat, um das Kapitel Kotfressen praktisch abschließen zu können. Ob das Kapitel 6, 7 oder 10 ist, liegt letztlich an dir. Ein Hundeleben ist immer in Bewegung – ebenso wie unsere Einstellung dazu. Aber wenn wir es schaffen, uns an kleinen Fortschritten zu erfreuen und über kleine Rückschläge zu schmunzeln, dann sind wir schon mittendrin in einem wunderschönen, intensiven Miteinander. So viel zu Kapitel 6! Und damit warten wir gespannt darauf, was das Schicksal als Nächstes bringt, während Bello munter mit uns durch den Park schlendert – ohne unappetitliche Zwischenstopps, versteht sich. Zumindest in 99,5% der Fälle … naja, man kann ja nie wissen.

Kapitel 7

Es ist ein typischer Nieselregen-Montag im Park, als ich Daniel und Bello erneut treffe. Der Boden ist matschig, Blätter kleben an den Schuhen, und irgendwo plärrt in der Ferne das fröhlichste Vogelgezwitscher, das man sich an so einem grauen Tag kaum vorstellen kann. Doch Daniel wirkt alles andere als bedrückt. Er strahlt, obwohl ihm die Feuchtigkeit in die Jacke kriecht. Und Bello? Der wedelt mit dem Schwanz, als wäre Regen sein größtes Hobby – gleich nach dem Ignorieren von Haufen, versteht sich.

„Weißt du, wir sind jetzt echt schon eine ganze Weile entspannt unterwegs", sagt Daniel. „Fast hätte ich vergessen, wie schlimm das alles mal war. "Ich ertappe mich manchmal dabei, dass ich überlege, was wir jetzt machen, wo das Kotfressen-Thema fast durch ist."

An dieser Stelle kann ich ein Schmunzeln nicht unterdrücken. Denn wie wir beide wissen, ist ein Hundeleben selten ein Null-Prozent-Kotfest. Es gibt immer noch diese Chance auf Rückfälle. Manchmal fast wie ein geplantes Theaterstück. Du denkst, alles ist perfekt, Bello schnuppert hier, Bello schnuppert da – und zack, bricht das alte Verhalten wieder durch. Doch Daniel hat gelernt, sich nicht mehr verrückt zu machen. Und genau darum geht es heute: Wie kannst du nicht nur gelassen bleiben, sondern sogar Spaß daran haben, selbst wenn dein Vierbeiner doch noch mal daneben liegt?

Der1. Regentest: Wenn widrige Umstände alte Muster fördern

Wasserpfützen überall, matschige Wege und jeder Parkbesucher stakst, als wolle er auf rohen Eiern laufen. Perfekte Bedingungen, um zu testen, ob Bello wirklich stabil im neuen Verhalten ist. Denn bei Schmuddelwetter sind oft weniger Leute unterwegs, manchmal liegen irgendwo

vergrabene „Überraschungen", die niemand aufgehoben hat
(weil's eben eklig ist, im Regen

herumkramen). Also: genau das richtige Szenario für einen kurzen Härtetest.

Daniel lässt Bello an einer langen Leine umher schnüffeln, während er selbst die Schultern hochzieht, um sich vor dem Nieselregen zu schützen. Plötzlich bleibt Bello wie angewurzelt stehen, hebt die Nase in die Luft und zielt auf ein Gebüsch. Ich sehe schon Daniels Hand zuckt: Er will eingreifen. Doch bevor er etwas sagt, dreht Bello den Kopf zu ihm um – „Willst du was von mir, Chef?" – und trottet dann brav weiter. Ergebnis: Kein Drama, kein Herum, Geschmatze, nur ein kurzer Anflug von Neugier.

„Puh, ich dachte schon, da liegt was Spannendes", sagt Daniel erleichtert.

„Hat er eben selbst entschieden, dass es sich nicht lohnt", lobe ich.
Das ist der kleine Triumph an solchen Tagen. Ja, Regen nervt, Matsch nervt, aber wenn dein Hund in Extremsituationen ruft: „Keine Sorge, Chef, wir machen das so wie immer!" – Dann weißt du, dass dein Training tief sitzt.

2. Rückfall? Dann eben Schlammbad!

Natürlich laufen nicht alle Spaziergänge so reibungslos ab.
Ich erzähle Daniel eine Anekdote von einem anderen

Hundebesitzer namens Marco, dessen Retriever Hündin Mia monatelang keinen Kot angerührt hatte. Eines Tages stürmte Mia auf einen frischen Haufen zu, schnappte gierig zu und pflügte sich dann fröhlich in ein nahes Schlammbad. Marco stand am Rand, fassungslos, nass bis auf die Knochen und zitternd vor Ekel.

Moral der Geschichte: Auch wenn ein Hund 95% oder 99% „geheilt" scheint, kann so ein Rückfall passieren – manchmal in Kombination mit anderen Faktoren (Schlamm, Regen, Langeweile, wer weiß?). Was rät man Menschen in dieser Situation? Ganz simpel: Ausschütteln, Schlammbad danach selbst nehmen und weitermachen wie gehabt. Wenn du das pragmatisch angehst und ruhig bleibst, merkt dein Hund: „Oh, war vielleicht nicht so der Hit, aber wir machen keinen Staatsakt draus." Das ist die Grundhaltung, die du dir im Laufe des Trainings aneignest – und sie ist Gold wert.

3. Nach vorne blicken: Neue Ziele, neue Herausforderungen

Daniel lacht, als wir davon sprechen. „Weißt du, seit wir das Kot-Thema weitgehend im Griff haben, bin ich motiviert, Bello noch mehr beizubringen. "Irgendwie haben wir beide gemerkt, wir sind ein gutes Team geworden."

Und exakt das ist für mich einer der wunderbarsten Nebeneffekte: Sobald du ein Problem gemeistert hast, entsteht dieser Energieschub, um etwas Neues zu wagen. Plötzlich denkst du: „Wenn wir so eine unangenehme Sache lösen können, können wir doch auch einen Agility- Parcours rocken oder sogar Mantrailing ausprobieren!"

- Agility: Bello lernt, über Hürden zu springen, durch Tunnel zu laufen und auf Wippen das Gleichgewicht zu halten.
- Mantrailing: Hierbei sucht der Hund nach versteckten Menschen, indem er einer Geruchsspur folgt. Ein tolles „Nasen-Hobby", das Bello sicher fasziniert – und bei all der Schnüffelei keine Zeit für Kot übriglässt.

Daniel strahlt bei der Vorstellung. „Ich glaube, Bello hat das Talent, seine Nase für sinnvolle Zwecke einzusetzen, statt für... "Naja, du weißt schon." Genau das ist der Clou: Beschäftigung kann Wunder wirken, damit dein Hund gar nicht mehr auf dumme Ideen kommt.

4. „Schnauze" statt Leckerli – wenn man das beste Argument ist

Wir gehen weiter den matschigen Weg entlang, und plötzlich bleibt Bello stehen, direkt vor uns liegen Spuren eines anderen Vierbeiners. Daniel will schon in seine Jackentasche greifen, um ein Leckerli zu zücken, als er sich umentscheidet. Er ruft Bello mit strahlender Stimme: „Hey, Bello, komm mal her!" – ohne Futter in der Hand zu haben. Und siehe da: Bello tänzelt heran, als gäbe es nichts Schöneres. Daniel krault ihn am Hals, stupst ihn

spielerisch an. Bello wedelt und guckt, als wollte er sagen: „Cool, ein Streichel- und Kuschel-Moment, finde ich fast so gut wie Käsewürfel!"

Das zeigt: Wenn du eine enge Bindung zu deinem Hund hast, wird deine Aufmerksamkeit selbst zur Belohnung. Das bedeutet nicht, dass Leckerlis nutzlos sind – sie bleiben ein wertvolles Tool. Aber es kann eine befreiende Erkenntnis sein, dass dein Hund irgendwann nicht nur wegen Wurst oder Käse angetrabt wird, sondern dir zuliebe. Daniel bemerkt das auch: „Früher war ich gefühlt eine wandelnde Futterstation. "Jetzt reicht oft meine Stimme oder ein ausgiebiges Kraulen." Und das ist doch ein riesiger Fortschritt. Bello hat verinnerlicht, dass Daniel im Zweifel das Beste ist, was er kriegen kann – besser als Haufen, besser als quälende Langeweile.

137

5.   Die Macht der Routinen – und warum man sie manchmal durchbrechen sollte

Wir setzen uns auf eine Parkbank (die glücklicherweise noch einigermaßen trocken ist) und beobachten Bello, wie er in der Nähe an ein paar Blättern schnuppert. Daniel erzählt mir, dass er nun jeden Morgen exakt dieselbe Runde im Park geht, mit denselben Ablenkungs- und Trainingsstationen. „Irgendwie finde ich das gemütlich", meint er.

Das stimmt, Routine kann Sicherheit vermitteln – dem Menschen wie dem Hund. Aber es gibt auch einen Haken: Wenn alles immer gleich ist, kommt dein Hund selten in neue, unvorhergesehene Situationen. Und genau das könnte wichtig sein, um das gelernte Verhalten zu festigen.

- Wechsle mal die Route: Entdecke einen anderen Park oder geh in den Wald.
- Spaziere zu einer anderen Tageszeit: Wenn dein Hund sonst morgens fit ist, schau mal, wie er abends reagiert, wenn es dunkler ist.
- Nimm für Bello andere Spielzeuge mit: Variationen halten ihn mental flexibel.

Wenn Bello in unbekannten Umgebungen oder mit neuen Eindrücken weiter sein gelerntes Verhalten zeigt, merkst du, dass es wirklich gefestigt ist und nicht nur an die gewohnte Strecke gebunden. Dazu gehört natürlich ein bisschen Abenteuerlust deinerseits – aber hey, du hast ein großes Problem bändigt, da schaffst du ein wenig Variation locker!

6. Andere Hunde, andere Sitten: Begegnungen mit „Unbelehrbaren"

Während wir plaudern, sehe ich in der Ferne eine Frau, die ihren Golden Retriever lautstark ermahnt: „Pfui! Igitt! "Lass das!"" Sie versucht offenbar, ihn von einem Haufen fernzuhalten, wirkt dabei aber so gereizt, dass der Hund erst recht nervös wirkt. Es erinnert Daniel an seine Anfangszeit, wo er selbst oft fluchend hinter Bello hergerannt ist.

„Soll ich hingehen und ihr Tipps geben?" fragt Daniel leise.

„Nur, wenn sie offen dafür ist", sage ich. „Manche fühlen sich schnell angegriffen."

Manchmal hast du es mit anderen Hundebesitzern zu tun, die deine Erfahrungen und Ratschläge abtun oder genervt reagieren. Das darf dich nicht aus der Bahn werfen. Jeder lernt auf seine Weise. Wenn du merkst, jemand ist hilfesuchend, kannst du freundlich und sanft von deinen Erfahrungen berichten. Aber bitte lass den Oberlehrer stecken – das führt nur zu Konflikten und Groll.

Daniel nickt. „Ich weiß, wie es ist, wenn man genervt ist. Da will man nicht noch belehrt werden. "Trotzdem würde ich ihr gern sagen, dass Schreien nicht unbedingt die Lösung ist." Er entscheidet sich, rüberzugehen, freundlich zu winken und ein Gespräch anzufangen. Bello wartet geduldig auf mich. Ob's funktioniert, weiß keiner, doch manchmal ergeben sich daraus schöne Hundebekanntschaften.

Perspektivwechsel – Wenn Bello eine ganz eigene Sicht auf die Dinge hat

Bis jetzt haben wir Kot immer als den ultimativen Feind betrachtet – die Wurzel allen Übels, das Ende jeder harmonischen Gassi Runde, den ewigen Saboteur sauberer Hundezungen. Aber was, wenn Bello das alles völlig anders sieht?
Lass uns das Ganze mal aus Hundesicht betrachten – nur zum Spaß (und um uns vielleicht ein kleines bisschen weniger zu ekeln):

Bello denkt nicht „Ihh, ein Haufen!", sondern „Oh, interessante Neuigkeiten!"
Kot ist für Hunde das, was für uns die Tageszeitung oder die sozialen Medien sind.
Beim Schnüffeln erfährt Bello, wer hier war, ob es

Ein potenzieller Freund ist, ob dieser Hund gesund ist –
vielleicht sogar, was er zuletzt gefressen hat.

Daniel lacht. „Ich kann ja vieles nachvollziehen – aber warum
muss man das in den Mund nehmen?!"
Gute Frage. Eine, die wir Bello wohl nie wirklich abschließend
beantworten lassen können. Aber allein dieser kleine

Perspektivwechsel macht schon was mit uns:

Bello ist nicht „eklig", er ist einfach ein Hund.
Er folgt seinen Instinkten, nicht einem rebellischen Plan,
dich in den Wahnsinn zu treiben.
Wenn du das verstehst, fällt es dir leichter,
entspannt zu bleiben und das Problem sachlich
anzugehen.
Und genau das hat auch Daniel geholfen, seinen eigenen Ekel

loszulassen und sich ganz auf Bellos Training zu konzentrieren.

8. Die Sache mit dem Lob – Warum positive Verstärkung immer funktioniert

Egal, ob du gerade erst angefangen hast oder schon ein halbes Jahr mit deinem Hund trainierst – positives Bestärken bleibt das A und O.
Aber viele Hundebesitzer denken irgendwann:

"Jetzt kann ich das Futter weglassen – er hat's ja verstanden."
Tja, falsch gedacht.

Hunde lernen durch Konsequenz.
Und durch das Prinzip: Was sich lohnt, wird wiederholt.
Wenn der Jackpot plötzlich ausbleibt, kann Bello sich denken: „Na, dann probiere ich halt doch nochmal das alte System..."
Deshalb bleibt Lob wichtig – auch wenn du es nicht mehr für jede Kleinigkeit verteilen musst. Daniel hat dafür eine clevere Strategie:

Bellos ultimatives Lieblingsleckerli (Trockenfleischwürfel) gibt es NUR noch für Top-Leistungen.
Das bedeutet: Ignoriert Bello einen Haufen

freiwillig gibt's eine Mega-Belohnung.

Dadurch bleibt das Leckerli etwas Besonderes – und Bello kann kaum widerstehen, brav zu sein.

Und so sieht Hundelogik aus:

„Hm… brauner Haufen oder Superleckerli? "Mh… okay, ich nehme den Snack!"''
So einfach kann es sein – wenn man es konsequent durchzieht.

9.   Selbstreflexion – Hat mich das Ganze eigentlich verändert?

Plötzlich bleibt Daniel stehen, schaut in den Himmel und wirkt für einen Moment nachdenklich.

"Sag mal, ist es verrückt, dass mich dieses ganze Kotfress- Thema irgendwie selbst verändert hat?", fragt er.

"Ich bin gelassener, geduldiger – und ich freue mich wie ein Schnitzel, wenn Bello nur schnuppert und weitergeht."
Ich grinse. „Genau das ist Hundehaltung – wir lernen ständig dazu, nicht nur unsere Vierbeiner."
Denn so verrückt es klingt: Gerade die nervigsten Probleme bringen uns am meisten bei.

Was wir von Bellos „Phase" lernen können:

Geduld zahlt sich IMMER aus. (Ja, auch wenn's

manchmal dauert.)

 Konsistenz ist wichtiger als jede Hauruck-Aktion.

 Humor rettet dich vor dem Durchdrehen. (Oder du hast

du eine bessere Lösung für eine Schnauze voller Kot?)
Freude über kleine Schritte macht glücklicher als

Frust über das, was noch nicht funktioniert.

Und plötzlich merkst du: „Hey, wenn ich das mit meinem Hund durchgestanden habe, kann ich auch andere Dinge im Leben entspannter sehen."

Wer hätte gedacht, dass uns das Training gegen Kotfressen auch im echten Leben weiterbringt?

10. Ausklang bei Regen und nassen Pfoten – oder: Lass dich nicht runterziehen!

Der Nieselregen wird langsam zum Dauerregen.

Unsere Klamotten? Durch. Nass. Kalt.

Bello? Springt wie ein Flummi durch die Pfützen, als wäre er in einen Jungbrunnen gefallen.

Daniel lacht jedes Mal, wenn Bello eine neue
Ladung Spritzwasser auf unsere Beine verteilt.

Und ich denke mir: Genau das ist Hundehaltung.

Manchmal ist es chaotisch.
Manchmal wirst du klitschnass.
Und manchmal schnüffelt dein Hund eben an
einem Haufen.
Aber am Ende zählt: Ihr habt eine gute Zeit. Ihr macht
Fortschritte. Und nichts davon bringt euch ernsthaft aus der
Bahn.

Zum Schluss noch ein paar locker-leichte Tipps:

Mach den Park zum Abenteuerspielplatz. Wer nur an
Haufen denkt, vergisst den Spaß. Bau Sitz-, Platz- und
Sprungübungen in eure Spaziergänge ein – das hält Bello
auf Trab.

Plane Regenwetter ein. Schmuddelwetter bringt Hunde in eine
Art „alles-egal"-Modus. Nimm's mit Humor, pack ein altes
Handtuch ein – und gönn dir danach eine heiße Schokolade.

ich finde Bellos echtes Talent. Vielleicht ist er ein Naturtalent im
Fährtenlesen oder Apportieren? Ein ausgelasteter Hund hat
weniger Zeit für kulinarische Experimente.

Teile deine Erfolge. Klar, nicht jeder will Geschichten über
das Kotfressen hören. Aber es gibt garantiert andere

Hundebesitzer, die froh sind, wissen, dass sie nicht allein sind.

Daniel hat übrigens beschlossen, dass er nach dem
Spaziergang noch ein neues Hundespielzeug kaufen wird.
Warum?
"Bello hat sich so tapfer geschlagen – und ich habe
tapfer trockengelegt." "Ist doch nur fair, oder?"
Ich kann nur zustimmen.
Mit einem Lächeln verabschieden wir uns, beide nass bis
auf die Haut. Bello gibt noch ein kleines Freudengeheul von
sich, als hätte er verstanden: Heute haben wir wieder einen
Härtetest bestanden.
Und das ist das Wichtigste: Mensch und Hund wachsen an
solchen Herausforderungen.
Wenn doch mal ein Haufen dazwischenfunkt – dann ist es eben
nur ein Haufen. Kein Weltuntergang.

Fazit – Oder: Warum du jetzt optimistisch sein kannst

Wenn du dich fragst, ob ihr das Kot-Thema wirklich in den
Griff bekommen könnt, schau dir Daniel und Bello an.

Vor ein paar Wochen war Daniel kurz vorm
Durchdrehen.

Heute kann er lachen – und Bello entscheidet sich immer
öfter gegen den Haufen.

Das ist noch nicht das Ende der Reise.

Aber eines ist sicher: Das Schlimmste habt ihr geschafft.

Und ganz ehrlich?
Das bisschen Nieselregen kriegt ihr auch noch hin.

14

Kapitel 8

Daniel steht mit Bello am Waldrand, und beide wirken trotz der leichten Kälte erstaunlich heiter. Man könnte sagen, sie haben gerade die nächste Stufe ihres Mensch-Hund- Bündnisses erklommen. In den vergangenen Wochen lief es so gut, dass Daniel manchmal vergisst, was für ein Drama das Thema Kotfressen einst für ihn war. Doch heute hat er eine neue Idee:

„Weißt du," sagt er, während er Bello ein gähnend großes Stöckchen zu Apportieren hinwirft, „ich möchte endlich mal was Neues ausprobieren." Irgendwas Spannendes, bei dem Bello seinen Kopf anstrengen muss. Ich habe gehört, es gibt da so eine Art Schnüffel-Parcours, extra für Hunde, damit sie was Richtiges zu tun haben. "Was meinst du?"" Ich bin begeistert. Schließlich ist das genau der richtige Zeitpunkt für ein kleines Abenteuer, das Bello und Daniel zeigt, dass es im Hundeleben noch sehr viel mehr gibt als nur Haufen – verlockende Haufen, eklige Haufen, fremde Haufen, berühmte Haufen. Du kennst die Leier. Also machen wir uns auf den Weg in ein kleines, verstecktes Waldstück, wo angeblich Hundebesitzer hin und wieder selbstgebastelte Schnüffel-Stationen aufbauen, um ihren Vierbeinern neue Herausforderungen zu bieten.

1. Die Kunst des Schnüffelns: Mehr als bloß Nase in den Wind halten

Bello ist schon von Natur aus ein Spürnasen-Talent. Er schnuppert an Blättern, Wurzeln, Erde, und wenn Daniel nicht aufpasst, auch mal an Dingen, die keiner so genau definieren möchte. Aber das Tolle an einem Schnüffel- Parcours ist, dass Bello hier gezielt auf interessante Fährten gebracht wird – Leckerlis, die in Baumhöhlen stecken, kleine Säckchen mit duftenden Kräutern, versteckt in Astgabeln oder hinter Wurzeln. Für Bello bedeutet das: Achtung, Gehirn einschalten!

Daniel lacht: „Das ist echt wie Ostereiersuchen. "Nur besser, weil Ostern nicht das ganze Jahr ist und Bello immer Ostern haben will." Während Bello inbrünstig nach einem Leckerli in einer kleinen Ast Höhle stochert, beobachten wir sein Hinterteil, das aufgeregt hin- und her wackelt. Offensichtlich findet Bello diese neue Aufgabe mindestens so spannend wie seine alten Ekel-Hobbys, die wir hier nicht beim Namen nennen müssen (na gut, wir wissen alle, was gemeint ist).

2.   Stress? Kannst du knicken! – Warum die gemeinsame Aktivität Mensch und Hund näherbringt

Eine der größten Erkenntnisse auf unserer Reise war ja, dass Langeweile oder Unterforderung oft Ursachen dafür sind, dass Hunde sich in unliebsame Verhaltensweisen stürzen. Wer nichts zu tun hat, der sucht sich selbst Aufgaben. Und Bello hat früher eben Kot-Jagd als Beschäftigung gefunden (dass wir Menschen das etwas abartig finden, kann er ja nicht wissen). Doch jetzt – mitten im Wald beim Schnüffel-Parcours – erlebt Bello eine andere Art von Action. Sein Kopf rattert, er muss denken: „Hm, wo riecht es stärker nach Leberwurst? "In dem hohlen Baumstamm oder unter diesem Laubhaufen?"" Und Daniel ist die ganze Zeit interaktiv dabei. Er schaut gespannt, lobt, wenn Bello sich geschickt anstellt, lenkt ihn ein bisschen, wenn Bello auf falschen Fährten herumirrt.

Das Ergebnis: Bello strengt sich an, Daniel hat Spaß, beide sind voll beschäftigt. Da bleibt für Ekel Themen kaum Zeit und schon gar nicht für Spaziergangs Monotonie.
Gleichzeitig merkt man, wie Daniel in dieser Zeit vollkommen entspannt ist – kein ängstlicher Seitenblick, ob Bello vielleicht heimlich doch was Verdächtiges zwischen die Kiefer bekommt. Die gemeinsame Aktivität hat einen quasi magischen Effekt auf beide.

3. Der eigenwillige Dackel und die Begegnung der kuriosen Art

Auf unserem Streifzug begegnen wir noch einem anderen Hundebesitzer, nennen wir ihn mal Paul, der mit seinem Dackel „Moritz" ebenfalls im Schnüffel-Parcours unterwegs ist. Moritz ist ungefähr so lang wie ein Wiener Würstchen, aber sein Selbstbewusstsein passt eher zu einem Bernhardiner. Kaum sieht er Bello, legt er einen fordernden Blick an den Tag und versperrt uns den Pfad. Offenbar will er das nächste Schnüffelversteck für sich allein beanspruchen.

Bello guckt ein wenig irritiert: „Was soll das, Kollege?" Daniel lacht: „Tja, Bello, der will sich wohl aufspielen. "Bleib locker!"" Und tatsächlich, Bello tänzelt einfach drum herum. Er hat eine Mission: Schnüffel Talente ausleben! Während Moritz rummosert, genießt Bello seine nächste Futterbelohnung, die irgendwo in einem Gebüsch lag.

So komisch das klingt, diese Begegnung ist ein weiterer Hinweis, dass Bello neue Prioritäten hat. Früher hätte er vielleicht aus Stress oder Unsicherheit ganz andere Macken gezeigt (oder wir wissen, woran er vor Stress hätte naschen können). Heute ist er souverän genug, den Dackel mit hoch erhobenem Schwanz links liegen zu lassen und stattdessen eine stinkende, aber legale

Futter: Überraschung im Gebüsch zu finden. Hach, wie schnell sich die Zeiten ändern!

4. Daniel und seine neue Leidenschaft: „Hat jemand was von Clickertraining gesagt?"

Am Rande des Parcours kommen wir ins Gespräch mit einem Hundetrainer, der zufällig vor Ort ist und das Areal mit aufgebaut hat. Er zeigt Daniel den Clicker, ein kleines Plastikgerät, das beim Draufdrücken ein kurzes „Klickgeräusch" macht. Damit kann man den Hund punktgenau belohnen, wenn er etwas richtig macht. Daniel ist sofort Feuer und Flamme.

„Das klingt ja super präzise! Ich wollte Bello ohnehin beibringen, auf Kommando den Kopf zu schütteln oder mir die Pfote zu geben. "Meinst du, der kapiert das schnell?""

„Auf jeden Fall", lacht der Trainer. „Gerade so ein schlauer Labrador begreift ruckzuck, dass ‚Klick' = ‚Richtig gemacht!' heißt.

Obwohl Clicker-Training kein Muss ist, öffnet es manchmal ganz neue Möglichkeiten. Damit kannst du Bello sogar Aufgaben beibringen, die über das reine „Nicht-Kot-Fressen" weit hinausgehen. Und dadurch wird Bellos Alltag noch spannender. Daniel nimmt sich fest vor, nachher im Tierbedarfsladen so einen Clicker zu kaufen.

Man kann nur ahnen, welche verrückten Kunststücke Bello in ein paar Monaten drauf haben wird. Vielleicht macht er bald Salto rückwärts, wer weiß?

5. Rückfall? Fehlanzeige – zumindest heute

Während wir so plaudern, merke ich, dass Daniel fast gar nicht mehr erwähnt, wie groß seine Angst vor Haufen-Bekanntschaften einmal war. „Ganz ehrlich," sagt er,
„Neulich hat Bello einen sehr verführerischen Haufen gesehen, aber nur ganz kurz geschnüffelt und sich dann von selbst abgewendet. Ich musste gar nichts tun! "Da war ich so stolz, ich habe ihn fast tot geknuddelt vor Freude."

Dieser Reflex zeigt perfekt, wie weit Bello schon ist. Er hat anscheinend kapiert: „Haufen = kein Vorteil, aber mein Herrchen anzugucken und ein Lob abzusahnen = win-win!" Klar, es kann immer Tage geben, an denen Bello einen schwachen Moment hat, doch mit jeder positiven Erfahrung schrumpft das Risiko, dass er in alte Muster zurückfällt. Und Daniels Selbstbewusstsein wächst entsprechend, was sich wiederum auf Bello auswirkt. Eine klassische Aufwärtsspirale.

6. Die Bedeutung des sozialen Umfelds: Warum Bello von Daniels Stimmung profitiert

Apropos Selbstbewusstsein: Hast du gewusst, dass Hunde sehr feine Antennen für unsere emotionale Verfassung haben? Wenn du schon mit hängenden Schultern losläuft und denkst: „Oh je, heute frisst er bestimmt wieder Kot!", dann merkt dein Hund das. Er spürt deine Nervosität, wird selbst unsicher, und manchmal verstärkt er sogar das unerwünschte Verhalten.

Daniel hingegen wirkt heute wie das personifizierte Sonnenschein-Gemüt – trotz Nieselregen. Bello scheint das wahrzunehmen und hat überhaupt keinen Grund, irgendetwas zu kompensieren oder zu beweisen. Er und Daniel sind ein Team.

Es geht nicht darum, ständig vor Glückseligkeit zu strahlen. Aber wenn man sich wiederholt klarmacht, welche Erfolge man schon erzielt hat, strahlt das eine Gelassenheit aus, die Hunde spüren. Das verfestigt das Training und macht alles leichter.

7.   Kulinarische Abenteuer für Bello – ohne eklige Beilagen

Nach dem Schnüffeln Parcours gönnt sich Daniel eine Tasse heißen Tee aus seiner Thermoskanne, während Bello an einem speziellen Kauknochen knabbert. Daniel erwähnt, dass er mittlerweile neue Futtersorten ausprobiert, um Bello noch mehr Geschmackserlebnisse zu bieten, damit Bello sich gar nicht erst nach anderen „Köstlichkeiten" sehnt.

-
    Er hat Fisch-Leckerlis entdeckt (für Bello
    ein Festschmaus, für Daniel s Nase
    gewöhnungsbedürftig).
- Er mischt Bellos Hauptfutter manchmal mit etwas

- Er variiert die Kaustangen, damit Bello

    immer wieder etwas Neues hat.

Diese Abwechslung in der Ernährung ist keine Garantie dafür, dass Bello niemals wieder Kot anrührt, aber sie trägt dazu bei, dass Bello sich reichlich versorgt und stimuliert fühlt. Und – Hand aufs Herz – wer von uns mag schon täglich dasselbe Essen, ohne jemals einen Hauch Abwechslung?

8. Zwei Schichten Humor, bitte!

Du merkst vielleicht, wie oft wir in diesem Buch über Humor sprechen. Aus gutem Grund! Es gibt kaum ein besseres Mittel, um die eigenen Nerven zu schonen. Gerade beim Thema Kotfressen, das wirklich nicht zur Crème de la Crème der Hundehaltung gehört, ist Humor eine Rettungsboje.

Daniel lacht sogar über Bellos früheres „Kot-Sommelier"-Verhalten und erzählt witzige Anekdoten, wenn Freunde zu Besuch sind. Klar, manche gucken entsetzt oder rümpfen die Nase, aber hey – Daniel hat seine Art gefunden, damit umzugehen. Er hat erkannt, dass man das Thema nicht für immer als schreckliches Trauma behandeln muss. Wenn man sich selbst zu ernst nimmt, verpasst man die Möglichkeit, aus einer ekligen Sache eine unterhaltsame Geschichte zu machen, die andere Hundebesitzer vielleicht beruhigt („Ach, dann bin ich ja nicht allein").

9. Blick ins weite Land: Was tun, wenn Bello und Daniel verreisen wollen?

Ein neues Ziel, das Daniel immer öfter erwähnt, ist eine kleine Reise ans Meer. „Ich habe gehört, dass so mancher Strand nicht so gut gereinigt wird. Da liegen nicht nur

Möwen Hinterlassenschaften, sondern auch von anderen Strandhunden … meinst du, wir könnten das trotzdem wagen?" fragt er unsicher.

Ich zucke mit den Schultern. „Warum nicht? Bello hat gezeigt, dass er die Lektionen verinnerlicht hat. "Wenn du ein paar Grundregeln beachtet ist – also ihn an die Leine nehmen, wenn du unsicher bist, notfalls zurückrufen und belohnen – sollte einem Strandurlaub nichts im Weg stehen."

Tatsächlich kann so eine neue Umgebung wie ein Abschlusstest wirken. Wenn Bello auch dort weitgehend stabil bleibt, dann ist das Training wirklich auf einem hohen Niveau verankert. Und wenn nicht? Na, dann gibt's eben nochmal ein paar Extra-Einheiten, aber das ist ja kein Beinbruch.

10. Und jetzt? Endstation oder Neuanfang?

Wir sitzen also mitten im Wald, Bello kaut zufrieden auf seiner Belohnung herum, Daniel hat die Augen voller Vorfreude aufkommende Abenteuer. Einerseits fühlt es sich so an, als könne das Buch hier enden – Mission erfüllt, Bello frisst keinen Kot mehr (oder nur selten). Andererseits ist Hundehaltung ein kontinuierlicher Prozess. Man lernt

immer weiter, entdeckt neue Hobbies, meistert neue Herausforderungen. Genau das macht es so spannend.

Daniel: „Ich habe gar nicht gewusst, dass so viel hinter einem einzelnen Problem wie ‚Kotfressen' steckt. Wir haben Ernährung, Gesundheit, Training und sogar Psychologie gestreift. Wo soll das hinführen, wenn wir weitere Themen angehen?"

Ich: „Na, wo du willst! Du kannst Bello beibringen, Schuhe zu bringen oder Sporttaschen zu tragen. Du kannst mit ihm wandern gehen oder schwimmen. "Du kannst Trick Shows veranstalten oder einfach nur das Leben genießen, ohne dich um Haufen zu scheren."

Diese Offenheit ist das Schöne: Jetzt, wo du das Ekel Thema fast abgeschlossen hast, liegt die Welt euch zu Pfoten. Wenn Bello irgendwann mal vor alten Mustern steht, bist du bestens gerüstet, einzugreifen. Mehr braucht man nicht, um entspannt durch den Hundealltag zu gehen.

Fazit von Kapitel 8

- Neue Aktivitäten wie ein Schnüffel-Parcours sind optimal, um deinen Hund geistig und körperlich auszulasten.

- Clickertraining kann den Spaßfaktor erhöhen und präzise Belohnung Momente schaffen.

- Souveräne Begegnungen mit anderen Hunden (selbst Dackeln, die sich für Riesen halten) zeigen, dass dein Hund Selbstvertrauen entwickelt.
- Positive Stimmung überträgt sich auf deinen Hund – Zweifel lösen sich oft in Luft auf, wenn du an dich und dein Training glaubst.
- Reisen oder Ausflüge in fremde Gegenden sind nicht nur eine Herausforderung, sondern auch ein Proof-of-Concept: Wenn's dort funktioniert, ist alles Andere ein Klacks.

Und wenn du dich fragst, ob nach diesem Kapitel jetzt alles gesagt ist: Nicht unbedingt! Es bleibt deine Entscheidung, wann du dieses Buch schließt und dein eigenes Hundeleben weiterschreibst. Fakt ist, Bello und Daniel haben sich durch das einstige Kot-Dilemma hindurch manövriert und sind daran gewachsen. Jeder Spaziergang ist ein Stück Leichtigkeit mehr, jeder Regen eine neue Chance, über nasse Pfoten zu lachen, jeder Kot- Haufen… na ja, der hat längst seine frühere Faszination verloren – zumindest für Bello.

Wer hätte gedacht, dass es möglich ist, dieses anrüchige Thema so weit hinter sich zu lassen und sogar noch Spaß daran zu finden? Aber genauso ist es, wenn Mensch und Hund zusammenhalten und ihre Lektionen mit Humor und einer Prise Verrücktheit lernen. Also auf die nächsten Abenteuer: Mögen sie unbeschwert sein, mögen sie von Neugier statt Ekel geprägt sein, und mögen sie stets ein paar leckere Snacks (für den Hund) und etwas Süßes (für den Menschen) bereithalten.

Kapitel 9

Ein milder Sonnenstrahl bricht durch die Wolken, als ich Daniel und Bello im mittlerweile vertrauten Park antreffe. Vögel zwitschern, Kinder spielen fangen, und mittendrin steht unser dynamisches Duo, beide tiefenentspannt und ziemlich stolz auf ihre bisherige Reise. Man könnte fast meinen, sie hätten ein ganz normales Hundetraining hinter sich – aber wir wissen alle, dass da mal ein kleines „Kot- Problem" war, von dem man heute nichts mehr spürt.

„Weißt du," beginnt Daniel mit einem schelmischen Grinsen, „manchmal kommt es mir vor, als wäre Bello jetzt der artigste Hund der Welt. Er trabt neben mir her, wenn ich es will, er schnüffelt an den richtigen Stellen und lässt die falschen in Ruhe. Ich frage mich fast, ob er mich heimlich austrickst."

Ich zucke mit den Schultern und musste Bello, der gerade eine ausgiebige Nasendusche in einem Busch nimmt. „Tja, er hat wohl gemerkt, dass es bessere und leckere Alternativen gibt als… "Wir wissen schon was." Gemeinsam lachen wir, denn an dieses „wir wissen schon was" haben wir in den letzten Kapiteln genug Worte verschwendet.

Heute soll es also weniger um Ekel Themen gehen, sondern darum, wie Bello sich buchstäblich selbst übertrifft – und was das für Daniel (und jeden anderen Hundebesitzer) bedeuten kann.

1. Der Held des Alltags: Wie Bello plötzlich zum Park-Assistenten wurde

Seit Kurzem testet Daniel ein neues Spiel, das er „Brings mir getauft hat. Dabei legt er seine Jacke oder seine Wasserflasche ein paar Meter weit weg ins Gras und bittet Bello, sie zu holen. Natürlich nicht, weil Bello sein persönlicher Butler bereitet,

seinsoll, sondern weil es Bello Freude „offizielle" Aufgaben zu er

Und siehe da: Bello hat Blut geleckt (verzeih die Wortwahl) und sich zum regelrechten Parkassistenten gemausert. Wenn Daniel ein Taschentuch fallen lässt, hebt Bello es auf und bringt es zurück. Wenn Daniel sein Leckerli Beutelchen irgendwo vergisst, stupst Bello ihn so lange an, bis er Daniel an den richtigen Ort geführt hat. Kurz gesagt: Bello zeigt Eigeninitiative – und zwar zu Dingen, die aus unserer menschlichen Sicht viel nützlicher sind als der Ehemalige Kot-Verzehr. „Es ist fast unheimlich," grinst Daniel. „Vor

allem, wenn er
mir etwas bringt, was ich gar nicht verloren habe… "Aber vielleicht ist das sein neues Hobby."

2. Angst vor dem Sprung ins Ungewisse: Warum Bello plötzlich zögert

Interessanterweise hatte Bello neulich eine andere Herausforderung: Ein neu errichteter, wackeliger Steg über einem kleinen Teich im Park. Anstatt fröhlich drüber zu traben, legte Bello die Ohren an und blieb stehen wie festbetoniert. Die alten Überbleibsel von Unsicherheiten? Möglich.

Daniel war etwas irritiert: „Eigentlich kenne ich Bello als furchtlosen Draufgänger. Aber hier wirkte er, als hätte er Angst, einzubrechen. "Dabei ist der Steg völlig harmlos."

Genau hier zeigt sich, dass kein Hund in allen Situationen perfekt ist. Vielleicht hat Bello schlechte Erfahrungen mit glatten Untergründen gemacht. Oder er mag keine wackeligen Dinge unter den Pfoten. Was tut man da? Genau das Gleiche, was man beim Kot-Thema gemacht hat: Geduldig bleiben, mit positiver Bestärkung arbeiten, nicht drängeln und Bello kleine Erfolgserlebnisse ermöglichen.

Daniel lobte Bello schon für jeden Schritt Richtung Steg, gab ihm Leckerlis, wenn er wenigstens eine Pfote draufsetzte, und siehe da: Nach ein paar Minuten wagte Bello den Gang über die Planken. Sogar hoch erhobenen Hauptes, als wolle er sagen: „Wusstet ihr, dass ich eigentlich der mutigste Hund bin?"

3. Kommt da noch was? Die Frage nach dem großen Finale

Während wir weiter durch den Park schlendern und Daniel begeistert davon berichtet, wie Bello jetzt schon Kommandos wie „Hilfe holen" versteht (er bellt, wenn Daniel so tut, als ginge es ihm schlecht), poppt bei mir eine Frage auf: Brauchen wir überhaupt noch ein Finale in diesem Buch, oder sind wir längst darüber hinaus?

Denn wenn man Bello so sieht, wie er heute durch die Gegend spaziert – stolz, entspannt, voller Tatendrang – könnte man meinen, das Kapitel „Kotfressen" sei aus seiner Biografie gestrichen. Aber so ein Hundeleben ist eine endlose Aneinanderreihung von Kapiteln. Mal ist es das Ekel-Thema, mal die Angst vor Stegen, mal die Begeisterung fürs Apportieren, mal etwas völlig Neues.

„Genau das meine ich," sagt Daniel, als ich die Frage laut ausspreche. „Ich glaube, so ein richtiges Finale gibt's bei der Hundeerziehung gar nicht. Man lernt immer dazu. "Ein abgeschlossenes Problem kann durch ein anderes ersetzt werden, oder eben durch neue Abenteuer." Er hat da einen

Punkt. Gerade das macht das Mensch-Hund-Gespann so lebendig: Ständig entwickeln sich beide weiter, lösen das Alte, stoßen auf Neues. Aber das ist kein

Grund zur Sorge, im Gegenteil: Genau das ist der Kick, der uns bei der Stange hält.

4. Ein kurzer Rückblick in Daniel und Bellos dunkle Phase

Manchmal frage ich Daniel, ob er noch weiß, wie schlimm es war, als Bello gefühlt an jedem dritten Busch seinen Happen Kot naschen wollte. Er schmunzelt. „Klar erinnere ich mich, aber es kommt mir vor wie aus einem anderen Leben. "Damals hätte ich nie geglaubt, dass Bello und ich je so harmonisch werden."

Das Schöne daran: Durch die Bewältigung einer echten Krise (ja, wir nennen das bewusst Krise, auch wenn's „nur" Kot war) hast du ein starkes Fundament gelegt. Wer solche Aufgaben zusammen meistert, der wächst enger zusammen. Heute kann Daniel über Bellos alten Spleen grinsen. Er erzählt davon fast so, als handle es sich um eine witzige Episode, die halt Teil der gemeinsamen Geschichte ist.

5. Wozu noch trainieren, wenn alles super läuft?

Ein Phänomen, das im Hundetraining ziemlich häufig auftritt: Sobald das Hauptproblem gelöst ist, hört man mit allen Übungen auf und lässt den Hund sich mehr oder weniger selbst überlassen. Vielleicht denkt man: „So, Problem weg – ab jetzt alles in Butter." Doch das kann langfristig zu einem neuen Tief führen.

Daniel erkannte das und machte weiter. Sei es Apportieren, Clickertraining, kleine Gehorsamsübungen zwischendurch, Schnüffelspiele und neuerdings sogar kleine Hindernis-Parcours im Garten. Er sagt: „Ich habe Angst, Bello könnte sich sonst wieder selbst irgendein Hobby suchen. "Und wir wissen alle, wie solche Hobbys aussehen könnten…"

Das ist zwar eine scherzhafte Übertreibung, aber der Kern stimmt: Ein ausgelasteter Hund, der geistig gefordert wird, kommt weniger in Versuchung, sich Unfug anzugewöhnen. Außerdem festigen solche Aktivitäten eure Bindung, und Bello merkt, dass sein Mensch ein konstanter, verlässlicher Partner ist – nicht nur, wenn es um Verbote geht.

6.   Der unschlagbare Trick mit dem „Stop!"

Eine kleine Trainingsidee, die Daniel kürzlich ausprobiert und von der er schwärmt: das Kommando „Stop!". Dabei geht es darum, Bello auf Zuruf spontan ins Stehen zu bringen – egal, wie beschäftigt er gerade ist. Klingt nach einem simplen Trick, hat aber große Wirkung.

- Grundidee: Rufst du „Stop!", soll Bello direkt anhalten und auf dich achten.
- Nutzen: Wenn Bello auf etwas zusteuert, das er nicht erwischen soll (Kot, Essensreste, ein Eichhörnchen), kannst du ihn abrupt stoppen, bevor er in den „Fress- oder Jagdmodus" fällt.

Daniel erklärt, dass er das anfangs im Haus geübt hat, mit Leckerlis auf dem Boden. Immer wenn Bello darauf zusteuerte, rief er „Stop!". Reagierte Bello, gab's ein Mega- Lob samt Alternativ-Leckerli. Anfangs vielleicht hundertmal am Tag. Nach ein paar Wochen funktionierte es draußen: Bello rannte Richtung undefinierte Schnüffelspiele, Daniel brüllte „Stop!", Bello hielt an wie ein Showstar vor dem Mikrofon. Für Daniel war das wie eine Offenbarung. Er sagt, damit fühle er sich im Alltag viel sicherer.

7. Witzige Nebenwirkung: Bello wird zum Alleinunterhalter

Natürlich hat all das Training, die Belohnungen und Daniels gesteigerte Aufmerksamkeit eine kleine Nebenwirkung: Bello fühlt sich ab und zu als regelrechter Alleinunterhalter. Er kann jetzt Kommandos, Tricks, bringt Dinge, er stoppt auf Zuruf – und manchmal scheint er regelrecht Proben abzuhalten.

Daniel lacht: „Neulich lief ich einfach so durch den Flur, da stand Bello urplötzlich da, Pfote hoch, Kopf schief, als wollte er sagen: ‚Los, Chef, sag irgendwas, ich kann dir was vorführen.' Also habe ich ‚Tanz!' gesagt, und Schwupps, Bello drehte sich wie ein Flummi auf dem Parkett. War total lustig – nur leider rutschte er dabei aus und schlidderte in meinen Einkaufskorb. "Aus der kleinen Showeinlage wurde ein Krabbel-Chaos, aber hey, wir haben beide überlebt." Das zeigt einerseits, wie viel Power Bello in sich hat, andererseits, wie entspannt Daniel inzwischen damit umgeht. Ein Hund, der einst Kot fressend durch den Park streifte, ist heute der Clown des Hauses – alles dank des Trainings und der lustvollen Beschäftigung.

8.   Werden wir jetzt alle zu Dog-Profilern?

Eine Frage, die sich bei jeder Verhaltensänderung stellt: Müssen wir nun dauernd unseren Hund studieren wie ein Profiler bei der Kripo? Muss man jede Nuance der Mimik deuten, um Rückfällen vorzubeugen? Nein, so streng muss man es nicht sehen.

Daniel erzählt, dass er anfangs fast schon ein Kontrollfreak war – ständig checkte er jeden Winkel des Parks.

Irgendwann hat er gemerkt, dass Bello sich mehr am Menschen orientieren sich eher an den Haufen. Heute reicht ein kurzer Blick, um zu sehen, wie Bello drauf ist:

- Steht er angespannt und blickt fixiert in eine Richtung?
- Schnüffelt er hektisch oder eher neugierig-ruhig?
- Sucht er von sich aus Daniels Blick oder nicht?

Solche Basics genügen, um zu wissen, ob man eingreifen muss. Alles andere regelt die Routine, plus das Vertrauen, das inzwischen da ist.

17

9. Ein kleiner Notfall mitten in der Gelassenheit

Man könnte meinen, nun wäre alles Friede, Freude, Eierkuchen, aber wir erleben mitten im Kapitel 9 doch noch ein kleines Drama: Beim Weitergehen entdecken wir einen Hundebesitzer, der sichtlich aufgeregt ist. Sein Terrier hat offenbar einen Fremdkörper verschluckt (zum Glück keine Hinterlassenschaft, aber immerhin etwas anderes, das nicht in den Hundemagen gehört). Der Besitzer winkt panisch, während der Terrier röchelt. Daniel, ohne lange zu überlegen, eilt hin, Bello bleibt dabei völlig cool und stört nicht. Glücklicherweise löst sich die Situation rasch, ein gezieltes Klopfen auf den Brustkorb befreit den Terrier vom Fremdkörper. Trotzdem ist es ein kleiner Adrenalinschub für alle. Später, als wir uns wieder beruhigen,

merkt Daniel an:

„Früher hätte ich in so einer Stresssituation bestimmt an Bello denken müssen: ‚Hoffentlich jagt er jetzt nicht irgendwas oder frisst was auf.' Heute kann ich einfach helfen, ohne mir um Bello Sorgen zu machen. "Das ist doch großartig, oder?"" Absolut. Ein souveräner Hund in Notlagen ist Gold wert – man muss sich nicht ständig um sein Verhalten kümmern.

10. Aus dem Schatten ins Rampenlicht – Bello, der Showstar

Zum Abschluss dieses Kapitels möchte ich noch eine kleine Geschichte teilen: Daniel wurde von einer lokalen Hundeschule eingeladen, gemeinsam mit Bello an einem Hunde-Fun-Event teilzunehmen, einer Art Show, bei der Hund-Mensch-Teams ihre kreativen Kunststücke präsentieren. Und Bello hat, wie Daniel stolz berichtet, sämtliche Zuschauer begeistert, indem er verschiedene Gegenstände aus dem Publikum holte – reihum brachte er jedem Freiwilligen einen Apport-Gegenstand zurück.

Was denkt man in dem Moment? Dass dieser Hund vor gar nicht allzu langer Zeit an einer Kot-Angewohnheit litt, die Daniel regelrecht zur Verzweiflung gebracht hat. Jetzt steht Bello im Rampenlicht, lässt sich bejubeln und findet es offensichtlich super. Daniel erzählt, dass ihm fast die Tränen kamen vor Rührung.

„Ich dachte nur: Wenn ihr wüsstet, wie wir mal angefangen haben…", sagt er und lacht. „Aber weißt du, eigentlich ist es doch noch schöner, dass sie es nicht wissen. "Bello ist jetzt einfach der strahlende Held, und unsere Kot-Odyssee ist nur die Vorgeschichte." Damit haben wir eigentlich die

perfekte
Zusammenfassung: Ein Hund, der einst ein schwieriges Problem hatte, ist heute ein unbeschwertes Showtalent. Und der Mensch dahinter hat so viel gelernt,

dass er vermutlich jedem anderen Hundebesitzer
mit Problemen eine riesige Ermutigung sein kann.

Fazit für Kapitel 9

- Neue Aufgaben machen deinen Hund stark
  und selbstbewusst, sodass alte
  Gewohnheiten kein Thema mehr sind.
- Auch wenn ein Hund mal zögert (z. B. bei einem
  wackeligen Steg), zeigt Geduldiges Training, wie fest
  das gegenseitige Vertrauen inzwischen ist.
- Kein Training ist je wirklich vorbei – es gibt stets
  neue Herausforderungen, und das ist auch gut so.
- Notfälle können immer geschehen, aber ein
  souveräner Hund gibt dir den Kopf frei, anderen
  zu helfen.
- Der Weg vom „Kotfresser" zum Showstar
  beweist, dass mit Humor, Konsequenz und Herz fast
  alles möglich ist.

Somit endet Kapitel 9 mit dem Bild eines strahlenden Bello,
der selbstbewusst den Applaus der Zuschauer genießt. Wir
blicken auf ein Mensch-Hund-Team, das eine beeindruckende

Wandlung hingelegt hat. Und wenn du jetzt immer noch vor einem ähnlichen Problem stehst –

Egal ob Kot, Leinenaggression oder was auch immer – nimmt's als Inspiration: Dein Hund kann sich so viel mehr entwickeln, als du je für möglich hältst. Vielleicht steht auch dir und deinem Vierbeiner irgendwann ein kleines Rampenlicht offen. Oder zumindest ein Leben, in dem Stress und Ekel Themen von gestern sind, und die Freude am gemeinsamen Tun jeden Tag aufs Neue überstrahlt.

Kapitel 10

Ein strahlend klarer Herbsttag liegt über dem Park, während
Daniel und Bello in ihrem neuen, fast schon ritualisierten
Morgenspaziergang unterwegs sind. Die Blätter sind bunt,
das Licht mild, und man hat das Gefühl, dass die Welt voller
Möglichkeiten ist. Und genau darum soll es in diesem
Kapitel gehen: Was bleibt nach all den Lektionen? Und
wohin geht die Reise für Mensch und Hund, wenn man die
anfänglichen Stolpersteine – jawohl, dass uns alle zu Beginn
so lästig gewesene Kotfressen – endlich zum Großteil hinter
sich gelassen hat?

1. Ein würdiger Abschluss oder der Start in etwas Neues?

Daniel blickt auf seinen tapferen Labrador, der fröhlich an einer Bank schnuppert (natürlich ohne irgendwas Ekliges ins Maul zu nehmen). Er grinst:

„Manchmal frage ich mich, ob ich nicht einen Schild um Bellos Hals hängen sollte, auf dem steht: ‚Ich bin geheilt!' – "Nur um der Welt zu zeigen, was wir geschafft haben."

Na ja, vielleicht wäre das etwas übertrieben. Fakt ist aber, Bello und Daniel sind ein Paradebeispiel dafür, wie ein vermeintlich unlösbares Problem langsam, aber sicher in den Hintergrund rückt. Aber das Schöne an der Hundewelt ist: Es gibt immer noch neue Abenteuer zu entdecken. Ob du sie mit dem Hund angehst oder ob der Hund auf eigene Weise bestimmte Neigungen auslebt, liegt an euch beiden.

2. Nächster Halt: Wandern in den Bergen

Vor kurzem entdeckte Daniel in einem Magazin Bilder von herrlichen Berglandschaften. Sofort hatte er diese Idee: „Warum nicht mal zusammen mit Bello einen Berg erklimmen? Der Kotfresser von einst mutiert zum

"Gipfelstürmer!" Klingt nach einem witzigen Titel für ein persönliches Fotobuch, oder?

- Mögliche Herausforderungen:
  - o Bellos Kondition (Labradore neigen zum Powerstart, werden aber manchmal platt, wenn's steil hochgeht).
  - o Daniels Ausdauer (er selbst gesteht, dass er bei zu viel Steigung gern Schnappatmung kriegt).
  - o Bergziegen-Hinterlassenschaften (ja, es gibt mehr im Gebirge, als man denkt …).

Aber hey, wenn sie die städtischen Hundehaufen bezwungen haben, dann schafft dieses Team bestimmt auch einen lockeren Serpentinenweg. Daniel lacht, wenn man ihn darauf anspricht: „Das größte Risiko ist, dass ich schlapp mache, während Bello quietschfidel weiterziehen will. Aber wir werden uns schon arrangieren. "Vielleicht muss ich Bello ja mal an die Leine nehmen, damit er mich den Berg hochzieht!"

3. Mein Weg, dein Weg, unser Weg: Wenn Hund und Mensch getrennte Ziele haben

Eine charmante Szene spielt sich ab: Während Daniel in Gedanken bei Berggipfeln und Wandertouren ist, entdeckt

Bello, eine Ente am Teich. Typisch Labrador, schwuppdiwupp, schon ist Bello mit allen vier Pfoten im Wasser, starrt die Ente an und wartet, ob er vielleicht apportieren soll (oder kann). Die Ente blickt ihn nur gelangweilt an und paddelt davon.

Hier erkennt man: Auch wenn du neue Pläne schmiedest, hat dein Hund manchmal seine eigenen Ideen. Er folgt seinen Instinkten, seiner Neugierde und seinem Spaß am Planschen. Das ist keineswegs negativ – es ist bloß ein Reminder, dass wir unsere Vierbeiner nie komplett

„einnorden" können. Ihr habt zwar viel erreicht, aber Bello bleibt Bello: ein Charakterkopf, ein Naturbursche, der auch mal spontanen Launen folgt.

„Weißt du, früher hätte ich bei jeder Plansch Aktion Panik bekommen, dass Bello im Wasser nach irgendwas taucht oder sich sonstigen Blödsinn einfallen lässt", sagt Daniel.

„Jetzt denke ich nur: ,Er genießt sein Leben, und das ist okay.'" Genau diese Gelassenheit ist das, was viele

Hundebesitzer
sich wünschen – und was Daniel (und Bello) nach all den Kapiteln verinnerlicht haben.

4. Gruppendynamik: Mit anderen Haltern gemeinsam

In der Zwischenzeit hat sich eine kleine Wandergruppe zusammengefunden. Daniel hat in einem Hundetraining- Forum weitere begeisterte Herrchen und Frauchen kennengelernt, die auch das große Ziel anpeilen: „Hundefreundliche Bergtour". Man trifft sich online, tauscht Tipps aus und irgendwann entsteht das Projekt, an einem Wochenende gemeinsam eine moderate Route in den Bergen zu erkunden.

- Pluspunkt: Bello lernt neue Hundekumpels kennen.
- Gefahr: Wenn einer dieser Kumpels an

    üblen Haufen nascht, könnte das

    womöglich Bello triggern?

Oder eben nicht! Daniel ist zuversichtlich. „Bello ist der Ober-Guru, was das Ignorieren von Ekligem angeht!" Er sagt es scherzhaft, aber man spürt seinen Stolz, dass Bello nicht mehr zum Mitläufer bei solchen Eskapaden wird. Und genau das könnte in der Gruppe sogar ein Vorbild für andere sein: Bello, der ehemalige Kotnascher, als Leitfigur für die Tugend des „Nein, danke!".

5. Mini-Rückfall: Ein Hauch von Nostalgie?

Eines Tages, so erzählt Daniel, passierte doch ein Mini-Rückfall: Bello schleckte kurz an einem fremden Hundehaufen, bevor Daniel „Stop!" rufen konnte. Doch anstatt vor Scham im Boden zu versinken, reagierte Daniel sofort routiniert: Er lenkte Bello weg, lobte ihn, sobald er Abstand nahm, und machte sich nicht verrückt. Es war wie eine einstündige Versuchung, die Bello nicht sofort kontrollierte, aber schnell abbrach. Keine Panik, kein Drama, nur eine Erinnerung an frühere Tage.

„Ich habe ihn danach angeschaut und nur gesagt: ‚Also Bello, wir wissen doch beide, dass es bessere Snacks gibt, oder?'"

Bello wedelte, als wollte er antworten: „Schon klar, Chef, hab's kapiert. "War nur mal neugierig."

Dieser Zwischenfall zeigt: Perfektion bleibt schwierig, aber Souveränität gewinnt. Ein Ausrutscher muss kein Rückfall ins Mittelalter sein. Es ist eher so etwas wie ein kleiner Fehltritt auf sonst sicherem Boden. Danach geht's fröhlich weiter, und Bello hat keinen größeren Schaden davongetragen – und Daniel erst recht nicht.

6. Was macht eigentlich Daniels Humor?

Wer Daniel von früher kennt, hätte ihn nie für so einen entspannten, witzigen Kerl gehalten. Er sei angeblich jemand gewesen, der immer besorgt schaute, viel schimpfte und bei Konflikten schnell aus der Haut fuhr. „Das hat sich mit Bello total verändert", gesteht er ohne falsche Scheu. „Ich habe in den letzten Kapiteln gemerkt, dass mit Humor alles leichter wird, und das überträgt sich in mein ganzes Leben."

Humor ist jetzt Daniels ständige Begleitung. Ob's regnet, ob die Post mal wieder zu spät kommt, ob er seinen Hausschlüssel verlegt – er nimmt's gelassener, lacht über sich selbst und findet Lösungen. Ab und zu wirft er Scherzfragen in die Runde wie: „Stell dir vor, Bello könnte reden – würdest du ihm dann lieber Ananassaft oder Cola anbieten?" Eine komplett unsinnige Frage, aber sie bringt andere Menschen zum Lachen. Das Mindset hat sich geändert. Bello, so könnte man sagen, hat Daniel humorvoll umherzogen. Ich glaube, Bello genießt das genauso.

7. Die Theorie des „geheilten" Hundes – gibt's das überhaupt?

Oft fragt man sich: Kann ein Hund, der mal ein massives Problem hatte (Koprophagie oder anderes), als „völlig geheilt" gelten? Oder bleibt immer ein Restrisiko? Nun, die Wahrheit liegt meist irgendwo dazwischen:

- Geheilt in dem Sinn, dass der Hund sein altes Verhalten nicht mehr braucht. Er hat bessere Optionen kennengelernt, fühlt sich sicher und geliebt.
- Restrisiko bedeutet lediglich, dass ein Hund niemals, wie ein Roboter programmiert ist. Situationen ändern sich, die Stimmung ändert sich, und ein kurzer Ausrutscher kann passieren.

Daniel sieht das gelassen. Für ihn ist Bello „quasi geheilt". Er erwartet keine absolute Fehlertoleranz von 0%. Das Leben ist bunt und Bello ein Lebewesen. Das genügt, um vollkommen glücklich zu sein.

8. Die Sache mit den großen Erkenntnissen

Wenn man Daniel nach den drei wichtigsten Erkenntnissen fragt, die er aus dem Kotfress-Drama mitgenommen hat, bekommt man in etwa Folgendes zu hören:

1. Geduld und Konsequenzen übertrumpfen jede Schnapsidee, von Wunder Pulvern bis zu Bestrafungen.
2. Humor macht vieles leichter, selbst ein ekliges Problem kann lustig sein, wenn man's richtig verpackt.
3. Vertrauen zueinander ist das wahre Ziel – nicht das sture Erfüllen von Befehlen. Ein Hund, der weiß, dass sein Mensch seine beste Option ist, wird sich seltener für schlechte Alternativen (sprich: Kot) entscheiden.

Manche Leute erwarten vielleicht komplizierte Trainingsphilosophien, aber Daniel bringt's auf den Punkt: Es geht um Beziehungsarbeit und gute Laune, verpackt in ein bisschen Wissen über Hundepsychologie. Basta.

9. Letzter Stopp im Park: Ein Abschied?

„Ist das jetzt das Ende unserer gemeinsamen Reise?" fragt Daniel in die Runde. Bello sitzt neben ihm, leckt sich die Nase (wahrscheinlich träumt er von Schinken Snacks). Ich lächle: „Ende? Wohl kaum. "Eher eine Verschnaufpause, bevor ihr beide das nächste Kapitel aufschlägt."

Denn selbst wenn dieses Buch sich Kapitel für Kapitel dem vermeintlichen „Schluss" nähert, hört das Hundeleben nicht auf. Es kann sein, dass Bello in einem Jahr die Leidenschaft fürs Buddeln entdeckt, die Daniel in den Wahnsinn treibt, wenn der Garten aussieht wie ein Minenfeld. Oder Bello trifft auf eine hübsche Hundedame und beginnt, amouröse Kunststücke zu erfinden. Wer weiß, das Leben ist voller Überraschungen.

„Vielleicht schreibe ich dann selbst ein Buch: ‚Vom Kotfresser zum Gärtner – Bellos neuer Buddelwahn'", witzelt Daniel.

Und wir lachen herzlich, weil wir wissen: Irgendwas Spannendes wird Bello bestimmt noch aushecken. Aber wir sind zuversichtlich, dass das Team auch das locker meistert.

10.   Ein kleines Dankeschön – und die Aussicht auf mehr

Zum Abschied klopft Daniel Bello auf den Rücken und murmelt: „Danke, dass du mich gelehrt hast, ein besserer Mensch zu sein, ohne es zu wissen." Ein kitschiger Satz, könnte man meinen. Doch er trifft ins Schwarze: Der Hund (der mal so eklige Vorlieben hatte) hat Daniel nicht nur Freude, sondern auch Gelassenheit, Selbstbewusstsein und jede Menge Humor beigebracht.

Man kann förmlich spüren, wie Bello ihn anschaut: „Kein Ding, Chef, war doch ein Klacks. "Jetzt gib mir bitte einen Keks." Und Daniel zaubert prompt einen Mini-Keks aus der Tasche (natürlich ohne Kot-Geschmack) und steckt ihn Bello ins Maul. Eine Win-win-Situation. Fazit: Das Problem, das einst die Nerven strapaziert

hat, ist

nahezu verschwunden. Geblieben sind Witz, Stolz und eine unschlagbare Bindung. Mehr kann man sich als Hundehalter wohl kaum wünschen.

Das große Ganze – Ein Resümee zum Abschluss

- Kein Problem ist für immer: Was früher zu Verzweifeln war, ist heute eine kleine Anekdote.

- Der Weg war genauso wichtig wie das Ziel: Nur durch konsequentes Üben und viel Lachen hat sich das Verhalten so stabil geändert.
- Neue Abenteuer warten: Ob Bergtour, neue Tricks, oder einfach unbeschwertes Herumtollen – Bello ist bereit für alles.
- Aus Rückschlägen wurden Lektionen: Jeder kleine Fehler hat gezeigt, wie man's besser macht.
- Hund und Mensch wachsen zusammen, wenn sie Krisen gemeinsam meistern.

So schließen wir Kapitel 10 mit einem Bild, das ins Herz geht: Bello, der auf einer sonnigen Parkwiese thront, Daniel, der neben ihm sitzt, Schulter an Schulter. Beide zufrieden, voller Zuversicht. Die Schatten des Kotfressens sind weit weg – nicht vergessen, aber verblasst. Und im Vordergrund steht das Hier und Jetzt: Ein Hund, der sich übertrifft, ein Mensch, der staunt, und eine Welt, die beide noch erkunden wollen. Epilog gefällig? Nicht nötig. Das Leben schreibt jeden Tag neue Kapitel. Und wenn wir etwas gelernt haben, dann das: Solange Humor und Vertrauen regieren, kann man sogar aus dem hartnäckigsten Problem eine Erfolgsgeschichte machen.

Danke dass sie dieses Buch gelesen haben

Impressum

Zeitfracht Medien GmbH
Ferdinand-Jühlke-Straße 7
99095 Erfurt, Deutschland
produktsicherheit@kolibri360.de